子どもたちへの
心理支援

学校と外部支援者の
連携サポート・ガイドブック

熊谷恵子 監修

三井菜摘 著

Keiko Kumagai / Natsumi Mitsui
Special Needs Education
for Children

東京書籍

　現在の学校には、障害のある子ども、外国から来て日本語がわからない子ども、家庭環境のたいへんな子どもなど、さまざまな立場におかれた子どもがいます。

　日本は、1994年に国連との間で子ども権利条約を批准しました。この中では、①子どもの差別禁止、②子どもの最善の利益、③生命、生存及び発達に関する権利、④子どもの意見の尊重の４つの原則が示されています。2022年には改正児童福祉法により、虐待などに対応する児童相談所の保護の権限を強化するなど法的枠組みも整理されてきました。

　また、障害者施策では2013年障害者差別解消法を成立させた上で、2014年には国連との間で障害者権利条約（障害者の権利に関する条約の略称）を批准し、障害のある人への配慮や支援についての枠組みを変えてきました。コロナ禍で遅れはしましたが、2022年8月、障害者権利条約の実施状況の検証について、国連の障害者権利委員会との建設的な対話が行われました。その中で、大きく2つの勧告がなされました。

　一つは、第19条「自立した生活および地域生活への包容」、もう一つは第24条「教育」に関することです。第24条「教育」について

は、「分離された特別支援教育をやめ、すべての子どもを地域の学校に包容するようにする。そこでは、障害のある子どもが合理的配慮と必要な個別の支援を受けられるようにする」という意見です。

　通常の学校での普通教育は、国の一種類の学習指導要領により行われている日本で、このようなインクルーシブ教育が可能かどうかは議論の余地はあると思いますが、障害のあるなしにかかわらず、学校にいるすべてのマイノリティの子どもに対して何らかの形で個別に対応する必要があります。

　このような状況の中で、学校は、心理士（スクールカウンセラー、巡回相談員等）、社会福祉士（スクールソーシャルワーカー等）等、警察など、さまざまな機関と連携しながら子どもたちを支援するようにと、新たな「生徒指導提要　改訂版」（2022年12月）でも述べられてきています。

　それに先立ち2016年の第102回初等中等教育分科会では、「チームとしての学校の在り方と今後の改善方策について」検討が行われており、学校の子どもを守るため「チーム学校」という用語の「チーム」や「多職種連携」の「連携」などといった言葉が目立ってきています。

　しかし、「『チーム』として『連携』する」ということはお互いのことを知らずして行うと、一人で行う仕事以上に効果的ではなくなってしまいます。例えば、相手に対する連絡・報告・相談を行う、相手の立場で、情報や資料を用意するなど、連携する先の相手が何を知っているのか、何を知らないのか、を知らないと、チームである先の人との連携は効果的に機能しません。

　本書は、学校と外部支援者・他機関との連携を行う際に双方向の情報交換をうまく行うように作成しているものです。ここでは特に、発達障害児等に関わりが深い心理士と学校との連携に焦点を当てています。学校外部から学校に入る心理士からの視点、学校から学校外部支援者に対する視点等、お互いの仕事を知り、学校が外部からくる心理士等に対して、どのようなことを伝えなければならないか、また、学

校外部の心理士等は、学校の中の教職員に対してどのようなことを伝えなければならないか、ということを書いています。お互いは、学校の中で、どのような役割を担って、どのように動いているのか、ということを説明し、お互いの役割理解を促進しようとしています。

　例えば、学校内で○○委員をやっている教職員のA先生は、学校の中でどのような役割を担っているのかを知り、学校外の心理士から、どのようなことを伝えると学校でその情報が機能して子どもの支援に役立つのかを知ることができると思います。

　また、学校外からの巡回相談員に対して、学校から「○○くんが心配なので、○○くん中心に見てください」と言い、それだけで終わっていないでしょうか。心理士は、そのクラスの全ての子どもの顔と名前を把握できていません。心理士の教室の巡回の際には、座席表があると非常にありがたいのです。前からみた座席表ではなく、後ろからみた名前入りの座席表を渡してもらえると助かります。細かいことではありますが、このようにお互いの立場を知り、少しでも児童生徒の理解のために動けるようになることが大事です。

　本書を、連携の仕方を考えるための元としていただき、子どもの支援が効果的に行われるように切に願っています。

2024年1月
監修者　熊谷恵子

もくじ

第 **1** 章　　学校で児童生徒の育ちを支える 3 つの柱

第 5 章　問題解決につながるカンファレンス

第**6**章 連携のためのお役立ち支援ケース集
こんなときどうする？

編集注

　本書で用いられている用語「巡回相談員」は、自治体によって「巡回相談心理士」や「巡回指導職員」、「巡回アドバイザー」、「特別指導アドバイザー」など、呼称が異なります。

　近年、児童生徒の多様性を尊重しながら学校生活を充実させること
へのさまざまな課題が挙げられています。例えば、教育格差の問題、
外国人生徒の増加やそれに伴うサポートの必要性、マイノリティーの
権利を保障できる教育プログラムや個別的な支援体制の不足、教員に
よる対応の困難さなど、現行の教育システムの中で適切な対応を行う
ことの難しさが浮き彫りになっています。

　学校が、多様性を認め受け入れることのできる教育環境となるため
に、それぞれの児童生徒が異なる背景や価値観を理解し、それぞれの
考え方の違いや興味関心の差を尊重し、多様な文化や人種に触れてい
くことが必要です。その中で感じるさまざまな葛藤や違和感が、聞く
力や考える力を育み、また対話する経験は、今まで以上に児童生徒に
とって一人ひとりの成長の種となると考えられます。

　しかしながら、昨今は時代や環境が変化するスピードが速く、この
急激な変化にさらされる児童生徒にとっては、日常的にストレスを抱
えることも少なくありません。その中で心理的サポートが必要とされ
る場面が増えています。日常的ストレスが、「つまずき」ではなく、「成
長につながる、対応できる範囲のストレス」となるためには、「いつ」
「どこで」「誰が」「どのように」心理的サポートを行うとより有効なの
かを考え計画していく心理的アプローチが不可欠といえるでしょう。

心理的アプローチにおいては、児童生徒の心の健康を重視し、スト
レスを抱えた時に、スクールカウンセラーと話をする機会を定期的に
もつ、また心理的サポートが可能な教員と話すことなどを通して、児
童生徒が自分の感情や思考を整理したり、健全にストレスに対処する
ことができるように助けます。そして、不登校やいじめなどの問題に
児童生徒が自身の力で対応しようとする時の心の支えになります。ス
クールカウンセラーや巡回相談員など私たちのような学校現場で働く
心理士が教員と協働することで、構造的エンカウンターの手法を援用
した人間関係力を向上させるプログラムや、アサーションプログラ
ム、キャリア教育やソーシャルスキルトレーニング、アンガーマネー
ジメントなどを導入する動きもあります。現在の学校では一人ひとり
の児童生徒に対するものから学級集団全体に対するものまで、さまざ
まなレベルでの心理的アプローチが展開されはじめています。
　また、心理的アプローチは、児童生徒の心の健康を重視するだけで
はなく、学校内のコミュニケーションや協力関係の強化にも効果的で
す。ある学校では、教員と心理士が協力して行うワークショップを通
じて、児童生徒間のコミュニケーションスキルを向上させるプログラ
ムを実施しています。このプログラムにより、児童生徒たちは自分の
感情や意見を適切に表現し、他者と協力する能力を高めています。
　さらに、学校が家庭や地域との連携を行う上でも、心理士が学校の
立場に立って物事を捉え整理し、よりよい関係づくりのための提案を
することで学級運営を助けることができます。
　学校で働くさまざまな職種の大人たちが、お互いの専門性や特徴を
理解し、協力関係を構築しつながること、この本はそのような場面を
想定し、そこで必要とされる知識や技術、そして心理士である我々を
使いこなしていただくためのアイデアやノウハウを提供したいと考え
ています。私たち大人が一つのチームとして、多様なニーズを抱え学
校生活を送る児童生徒をサポートするためには、児童生徒の状況の見
極めや対応すべきポイントや手立て等について共有できる考え方を
ベースにして、それぞれが専門性を発揮する臨機応変でゆるやかな絆

が必要です。本書はその共有できる考え方を見つけるきっかけの提供を試みています。

　一番に私たちが大切にしたいことは、児童生徒一人ひとりの話にじっくりと耳を傾けることです。

　児童生徒には、それぞれ学校生活に期待することや、それに伴う悩みがあります。友達や仲間づくり、興味をもつ教科や活動、安心できる環境や自分らしさを見つけることができる楽しいイベントや行事、チャレンジできる機会、それに個々のニーズへの配慮など、一人ひとり状況や思いは異なります。家庭生活や地域のことで困っている場合もあります。

　心理的サポートは、児童生徒本人たちの困りや周囲の人々の困りがかかわりの入り口となることが大半ですが、そうではあっても、場面や状況にとらわれず、まずは本人の気持ちや思いをていねいに聞くことから始めることが大切です。

　本書では、まず最初に、学校で働く心理士とそれを取り巻く関係者のために「学校とはどのような所なのか」説明をしていきます。それらは、「学校という教育資源と児童を支える基盤となる教育行政や福祉等の基礎知識」、「学校で要求される心理専門家としての仕事とはどのようなものか」、「多くの大人が協働するためのチーム作りについて」などいくつかの側面にわたります。その上で、学校生活の主人公である児童生徒の理解と支援について「状況の見取り方」や「児童生徒・保護者について情報を共有し、方向性を導き出せるカンファレンスの実際」などに触れていきます。その上で、学校を取り巻く心理的課題について具体的に取り上げました。

　心理士が教員を中心とした他職種と連携することで、より仕事の精度を高められるよう、また、学校が児童生徒にとって成長できる場となり、やがては社会で自立することのできる、その一助に本書がなりますように。

2024 年 1 月

三井菜摘

第1章

学校で児童生徒の 育ちを支える3つの柱

　学校は社会の中で大きな役割を果たしてきており、その役割の変化は社会の変化に密接に関係しています。特に近年ではグローバル化や情報化の進展により、国際社会において活躍する人材を育成することが求められています。また、地球環境や社会課題などに対応するための教育も必要とされています。しかし一方で、児童生徒はいじめや不登校など、さまざまな問題を抱えています。

　本章では、児童生徒たちが変化し続ける社会の中で自分らしく生きていくために必要とされる支援や指導を、「**育ちを支える3つの柱**」とし、児童生徒の心と身体の健康を支える支援について考えます。

1．支援や指導のあり方と考え方

　児童生徒たちには卒業までに、社会の中で自分らしく生きていくための力をつけてほしいと考えます。そのための支援や指導のあり方と大まかな流れ、考え方をイラスト（15ページ参照）にまとめました。

　まず、1つ目は、土や肥料のように基本となる環境や指導体制を整えることです。2つ目は、光と水のように欠かせない、教師や友達からの日常的な注目と支えです。そして3つ目は、添え木や風よけなどのよう

に、状態・状況に応じて行う周りからの個別的な支援です。

　一人ひとりの児童生徒にとって必要な支援や指導の量や内容は異なります。用意されているいくつもの仕組みや考え方から必要に応じて選択していくことで、一人ひとりに支援と指導を届けることができるでしょう。

1つ目の柱　土と肥料（必要な学校生活）を用意する

　児童生徒は、それぞれ異なった資質と能力を持っています。社会の中で自分らしく生きていくために必要とされる力を身につけるために、学校は多様な児童生徒のニーズに応えることが求められます。学校生活を通してよりよい経験を積むことができるように**学級**という環境を整えること、適切な**授業**を準備することが柱となり、これらが児童生徒の発達を支えます。

　学校にある児童生徒の学習を支えるためのさまざまな仕組みを知り、活用していくことで全体へのアプローチを行っていくことが可能になります。

2つ目の柱　光と水を児童生徒一人ひとりへ

　児童生徒の姿は多様で一人ひとり異なっています。

　一人ひとりの意欲や興味関心、資質や能力、体力や情緒の発達、そして集団で過ごすことへの関心や負担をつかんでおくことが大切です。

　担任が目をくばり普段の様子を把握しておくことが、日常のちょっとした変化に気づくことにつながります。

添え木や風よけなど必要なものを必要な児童生徒へ

　今現在の環境を利用することが困難な児童生徒には、それを応援するための環境を整え、成長を支えます。

　児童生徒一人ひとりが学級の中でそれぞれ少しずつ成長をとげ、個性や資質を伸ばしていけるよう、学校に関わる私たちはチームになって支援や指導を提供していきます。

2.「チーム」としての学校

　児童生徒が多様化する学校にとって、人的環境を整えることは重要です。我が国の学校の教職員構造を諸外国と比較すると、教職員総数に占める教員以外の専門スタッフの割合は、日本が約18％であるのに対して、米国が約44％、英国が約49％となっており、教員以外の専門スタッフの配置が少ない状況にあることが見て取れます（図1参照）。

　日本でも、教員に加え、事務職員や心理・福祉等の専門家が教育活動や

出典　文部科学省「学校基本調査」（平成27年度）、Digest of Education Statistics 2014、
　　　School Workforce in England November 2013　をもとに作成。

1．日本は小・中学校に関するデータ
2．日本における専門スタッフとは、養護教諭、養護助教諭、栄養教諭、事務職員、学校栄養職員、学校図書館事務員、養護職員、学校給食調理従事員、用務員、警備員等を指す
3．アメリカにおける専門スタッフとは、ソーシャルワーカー、医療言語聴覚士、就職支援員等を指す
4．イギリスにおける専門スタッフとは、司書、メンター、医療及び看護職員等を指す

図1. 専門スタッフの割合の国際比較
**　　初等中等教育学校の教職員総数に占める教員以外の専門スタッフの割合**

学校運営に参画し、連携分担して校務を担う体制を整備することで学級担任は、教員が行うことを期待されている本来的な業務を優先し、児童生徒と向き合う時間を十分に確保することができます（18ページの図2参照）。

　また、今日の社会や経済の変化は大きく、児童生徒やその家庭、地域社会にも大きな影響を与えており、学校が抱える課題はより複雑化・困難化していることから、心理・福祉など、教育以外の高い専門性が求められるような事案が増加しています。その中にはいじめなど、児童生徒の生命・身体や教育を受ける権利を脅かすような重大事案も多々あり、校長のリーダーシップの下、チームを構成する一人ひとりがそれぞれの立場や役割を認識しつつ、情報を共有することで難しい課題に対応していくことができます。

　特別支援教育においても、通常の学級に在籍する児童生徒のうち、発達障害の可能性があり、特別な教育的支援を必要とするケースが増えています。「医療的ケア」を必要とする児童生徒の数も年々増加傾向にあり、このような状況で学級担任が単独で授業を行い、特別な教育的支援を必要とする児童生徒の個々の教育的ニーズに応じた適切な指導や必要な支援を全て行うことは、現実的に厳しいと言わざるを得ません。

　学校は、より多様化、困難化している指導上の課題に対応していくために、また、特別支援教育の充実のためにも、教職員が心理・福祉などの専門家や関係機関、地域と連携し、チームとして課題解決に取り組んでいます（19ページの図3参照）。

　指導上の課題や特別支援教育の充実は、特定の、限られた児童生徒たちだけの問題ではないかもしれません。教職員が心理・福祉、医療等の専門家と連携して、複雑化・困難化した課題を解決することによって、学級全体が落ち着き、大きな教育的効果につながる事例も見られることが多くなってきました。

　まずは校長のリーダーシップのもと、学校のマネジメント力を強化し、組織として教育活動に取り組む体制を創り上げるとともに、必要な指導体制を整備していきます。その上で指導や特別支援教育等の充実を図るために、心理・福祉、医療等の専門機関との連絡調整を行う**特別支**

チーム学校

校　長

副校長・教頭

担任教諭

養護教諭

学年主任

用務員

特別支援教育
コーディネーター
（特別支援教育担当教諭）

スクール
カウンセラー

スクール
ポリス

スクール
ソーシャルワーカー

スクール
ロイヤー

学校医・
学校歯科医

スポーツ団体

地　域

NPO法人

◉多様な専門職が学校に参画し、教員はより教育指導や生徒指導に注力

◉チームとしての学校と地域の連携を強化

文部科学省「チームとしての学校の在り方と今後の改善方策について」
（答申）（中教審第185号）平成27年12月21日　をもとに作成

図2. チームとしての学校

「次世代の学校・地域」創生プランを実現
すべての子供たちが自立して活躍する「一億総活躍社会」の実現

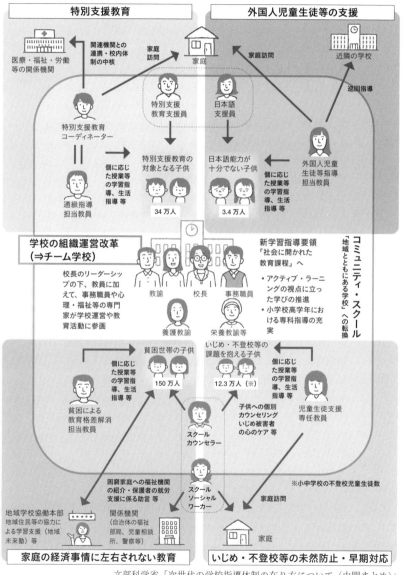

文部科学省「次世代の学校指導体制の在り方について（中間まとめ）」
平成 28 年 4 月 22 日の〈概要〉イメージ図をもとに作成

図 3.「次世代の学校指導体制の在り方」イメージ図

援教育コーディネーターの指名やサポートを行い、学校や教員が専門家や専門機関と連携・分担する体制を整備し、学校の機能を強化していくことが重要です。

3. 安心安全な学校生活を支える心理的サポート

　学校生活の中で、児童生徒が成長していくためには、その環境が安心で安全であることが不可欠です。児童生徒は、それをどのようにして確認するのでしょうか？　多くの場合、在籍学級も担任もクラスメイトも自分で選択することはできません。与えられた環境で出会う担任やクラスメイトと共に毎日を送りながら、自分なりに環境を把握し、情報を選び取って活動していく必要があります。

　まず、教員のその時々の支援が、児童生徒にとってわかりやすく適切で役に立つものであれば、児童生徒が、自分なりに成長できていることを確認でき、また、少しずつ環境に適応していくことで安心と安全を感じ取ることができます。

　学級の中で、担任やクラスメイトの行動や言葉に恐れを感じるなど、コミュニケーションが取れずに孤立したり、適応する上での障壁が大きい児童生徒の場合、まずは自らを守ることにエネルギーを使います。自らを守るために、攻撃性を増したり、逆に無関心になったり、その場を避けたりといった反応が見られますが、それは人によってさまざまです。このような行動を示す児童生徒が多くなると、学級運営への協力が期待できなくなり、担任は学級をまとめる上で、ますます気を遣うこととなります。

　通常の学級を担当する全ての教員や関係者は学級全体を見る上で、「児童生徒一人ひとりが、今いる環境を安心で安全であると感じているのか」と意識することが大切です。一人ひとりの心の状態を知ろうとすることで、児童生徒は「見てもらえているという安心」に触れることができるでしょう。学級の中で担任を中心とする関係者が児童生徒一人ひ

とりの興味や関心及び得意なことや好きなことなどの自助資源を把握しておくことも、学級をまとめる上で有用です。一人ひとりの児童生徒の満足や希望を拾いつなげ、学級全体の満足や希望にまとめ上げていくことで、多様性を生かし合える学級風土を築くことができ、多くの児童生徒が居場所を得ることにつながります。

　学級では多くの児童生徒が同時に活動するので、担任が一人ひとりを見ることができる時間は限られていて、非常にわずかしか関わりのない児童生徒もいると考えられます。しかし、児童生徒は学級担任の姿を常に意識しているので、直接注目や言葉かけがなくても、先生の落ち着いた姿や笑顔を確認することからも安心を感じます。

　さまざまなことが起きる学校生活の中で担任が安定して学級経営できるような環境づくりが児童生徒を支えます。

　学校経営の中核となるものに、**カリキュラムマネジメント**があります。これは学校裁量で行われ、教育課程に基づき組織的かつ計画的に教育行動の質の向上を図るものです（学習指導要領第1章総則より）。学校内の「つながり」を意識し、組織的に教育目標が達成できるさまざまなアプローチを計画します。教科間や教員間の連携を行いながら目標や内容を見渡し、教育目標を中心に据えることで、学習の基盤となる資質・能力（言語能力、情報活用能力、問題発見・解決能力等）の向上を図っていきます。学級や学年ごとではなく学校全体で、教育内容や時間の適切な配分、必要な人的・物的体制の確保、評価に基づく改善などを行うことで、学習効果の最大化を図ります。

　児童生徒が学ぶことに対して主体的に関心を持ち、自ら学んだという実感や達成感が得られるようにするために、地域との連携も視野に入れ、今ある活動をていねいにつなげ環境に意味をもたせる方向で考えていくことが望まれます。教育活動の成果が児童生徒一人ひとりに目に見えるかたちで届くことで、児童生徒にとって充実した学校生活となっていくのです。

　また、児童生徒の「現在」だけではなく、「過去の育ちとこれからの成長」を時間軸で見ていくことはとても大切で、1年ごとに学年が上がっ

ていく学校生活の中では意識しにくい感覚です。これは**キャリア**教育にも通じています。ここでいうキャリアの定義は、「人が生涯の中でさまざまな役割を果たす過程で、自らの役割の価値や自分と役割との関係を見出していく連なりや積み重ね」です。つまり、職業に就くための指導にとどまらず、社会の中で自分の役割を見出し、その価値を見出し、自分らしく生きていくことを目指しているとも言えるでしょう。進級時のクラス替えの際、担任間での引き継ぎだけではなく児童生徒一人ひとりの**キャリア・パスポート（キャリアノート）**が引き継がれることで、児童生徒が自分の成長を目で見て振り返ることができると同時に、担任も児童生徒が先のイメージを持てるようにサポートすることができます。

　毎日の学校生活においては、ある程度のストレスは経験の幅となり、対処可能な量であれば成長の助けとなるかもしれません。しかしながら、大きすぎるストレスは負担です。ストレス量とそれに対する児童生徒の反応をつかみながら、全ての児童生徒に起こりうる不安や不適応などの問題を予測して支援することは問題を予防することにもつながります（予防的援助サービス、石隈1991）。障害や発達の凹凸の有無にかかわらず、全ての児童生徒の**個に応じた指導**が保障され、**個別最適な学び**を継続できることは、積極的に適応を支え、つまずきを予防する効果につながる可能性があります。

　児童生徒一人ひとりが毎日安定した学校生活を送ることができるように担任が目配りや気配りを行いながら一年間学級を運営し、次の学年に一人ひとりとていねいに引き継いでいくためには、学級の中で同時に多

くの児童生徒と関わる担任には体力や気力が求められます。また、一人ひとりとよりよい信頼関係や人間関係を築くには、さまざまな知識技術が必要とされます。

　例えば、関係性を築くことが難しい児童生徒と関わる際には、どのようなポイントをおさえて接するとうまくいくのか予測するとよいでしょう。それらは主に声をかけるタイミング、児童生徒のとりくみやすい活動などの情報です。これらは、自らの気づきにつながる活動等であり、児童生徒にとってうけとりやすい状態の際に働きかけ、適切な関係を構築することが、その他の児童生徒との信頼関係にもよい方向で働くと考えられているからです。**スクールカウンセラー**はそのポイントを見つける手伝いができると思われます。

　また、児童生徒同士のよりよい人間関係の構築についても、学級の人間関係に注目しつつ進めていくことが必要です。このような点についてのアドバイスを、スクールカウンセラーは行うことができます。例えば、児童生徒が関わりたいと思っている友達との間をつなぐ活動として、何がよいのか、複数がよいのか、1対1がよいのか、担任やサポートできる友達の存在は必要かなど、よい経験につなげるための工夫についてです。

　学級経営の中で一人ひとりの児童生徒との直接的な信頼関係の構築が欠かせず、児童生徒をクラス全体の1人として捉える関わり方から、一人ひとりとコミュニケーションを取り直接ふれ合う関わり方へと変える必要が増しています。

　また、保護者の協力を引き出すことが必要とされる場面もあります。保護者との接点が限られている中で、保護者がどのような考えをもって子育てをしているか、学校に何を求めているかを予測して関わりを持つことは、直接関わる面談のような少ない機会を生かすために必要です。そのためにも、スクールカウンセラーの見立てとアドバイスは有効です。

　多様な児童生徒が安心して過ごしていくことができるように、学級運営が円滑に進み、教員にとってあまり過度な負担ではない範囲で、担任の目配り気配りが適切に児童生徒に届くようにすることは、多くの児童生徒のよりよい学校生活を保障することにつながるでしょう。

4. 児童生徒の多様性をふまえたサポート

　学級の中ではさまざまな児童生徒が共に授業を受け、生活をしています。児童生徒が抱える事情は、発達障害等がある・多国籍で日本語にまだ慣れない・家庭や地域とのトラブルを抱えている・過去の学校生活に困難があり情緒面での助けがいる、などさまざまです。ニーズのある児童生徒の増加に伴い、特別支援教育への理解が深まっていく中で、担任を中心とする関係者が児童生徒一人ひとりとつながり、全ての児童生徒の**多様性が生きる環境づくり**の準備をすることで、さまざまな事情のある児童生徒も学習を重ね、自立に向けた力をつけていくことが可能となります。

　また、数々の実践によって、直接どのような指導や手立てが有効かということも明確になり、より細やかな**個に応じた指導**が可能となってきています。心理士が知っていると助けになるいくつかの考え方について次に紹介します。

①多様性が生きる環境づくり

　変化の大きい今の時代においては、複雑かつ将来を予測することが困難となっています。加速度的に変化するこれからの社会を生きぬいていくためには、どのような力が必要でしょうか。文部科学省「幼稚園、小学校、中学校、高等学校及び特別支援学校の学習指導要領等の改善及び必要な方策等について（答申）中央教育審議会（平成 28 年 12 月）」では、「**生きる力**」の育成に必要な資質・能力の三つの柱として、「学びに向かう力・人間性等」「生きて働く知識・技能の習得」「思考力・判断力・表現力等の育成」を示しています。

　教育課程全体を通してこの三つの柱をバランスよく育成していくためには、児童生徒が日々学ぶことに興味や関心をもち、見通しをもって主体的に取り組んでいるか、対話を通して人の考えに触れ、自己の考えを広げ深めているか、習得・活用・探求という学びの過程の中で知識をつなげ、思いや考えを深めているかを見取ることが重要で、授業や教科の枠を越え、

学校生活全体を通して工夫し体験させていくことが求められます。

　主体的対話的な深い学びを実現する過程の中で、多様な児童生徒が、それぞれに気付き対話を通して深く学ぶためにはさまざまな工夫が必要だと思われます。実践例としては、授業の進め方をシンプルにして目標の焦点化を図る、学習を通しての思いや過程を記録し、見える化・聴ける化する、動作化を通してイメージを共有する、ICT を含むリソースを適切に利用する、というような工夫があります。

②授業のユニバーサルデザイン化

　わかりやすく楽しい授業を行うにあたっては、全ての教科において、**ユニバーサルデザイン（UD）**による授業の実践が有効です。

　ユニバーサルデザインとは「誰にとっても使いやすいデザイン」とし

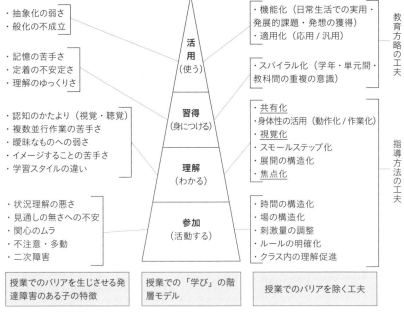

日本授業 UD 学会 http://www.udjapan.org　（授業のユニバーサルデザイン入門、2014）
小貫悟氏がまとめた授業の UD 化モデルをもとに作成

図 4.　授業のユニバーサルデザイン化モデル

て、ノースカロライナ州立大学のロナルド・メイスが 1985 年に公式に提唱したもので、障壁を取り除くという意味で用いられる「バリアフリー」と異なり、「最初から障壁を作らない」という考え方に基づいています。

デザインに必要な 7 つの原則を提唱していて、

1. 誰でも公平に使えること
2. 使う上で自由度が高いこと
3. 使い方が簡単で直観的に理解できること
4. 必要な情報がすぐに見つかること
5. うっかりミスが危険につながらないこと
6. 身体への負担が軽く楽に使えること
7. 使いやすい十分な大きさと広さが確保されていること

となっています。

授業に関してだけではなく、学校生活を送る場の工夫としても有効です。多様性が生きる環境づくりを意識した教室の中では、ロッカーや机周りの物の管理の様子、教室前の廊下の整備や各所でのルールの表示、時計や時間割、週目標の掲示やカレンダーの利用、係活動ですべき具体的な行動の書き起こし、いつ誰が行うのかの計画表など、ユニバーサルデザインによる環境づくりの工夫をたくさん見つけることができます。

③ ICT 教育への取り組み

近年、社会的な事情の変化を受けて、文部科学省は、今までも検討されてきた学校の ICT 教育の充実をさらに急速に進めています（**GIGA スクール構想**）。一人一台端末が活用できる環境での学習は、調べ学習や表現・制作活動、自宅との遠隔利用や情報モラル教育など、多くの場面で学習をさらに充実させることが期待されます。まず、画面を見て作業することが中心となるオンライン機器は、聞き取りの必要が少ないため、より多くの児童生徒に取り組みやすい側面があります。しかし、授業中の様子を見ると、児童生徒一人ひとりが目的を踏まえて機器に対して作業し続けないといけないという点で、知識や技術面での基礎となる経験や理解力に差が生じていることが見て取れます。さらに、取り組み

に個人差が大きいばかりではなく、ルールの範囲内での利用が求められるために、かなりの自制心が必要とされ、抑制する力が弱い児童生徒の場合、その行動が授業の流れから大きく逸れていく様子も見られます。これらは「機器の適正利用」「ネットリテラシーについて」「他の活動を通した経験とのバランス」など多岐にわたる課題ともつながっています。また、合理的配慮や不登校問題など、関連領域もますます広がっています。よって、ICT機器を適切に利用し学習に結びつけるためには、今後さらなる工夫が必要とされるでしょう。文部科学省では、ICT活用教育アドバイザー事業などを通し、各学校のニーズに対応できるよう、情報収集をしながらサポートを展開しています。

④個に応じた指導

　児童生徒がよい経験を積めるよう、環境を整えるだけではなく、適切な指導を積極的に取り入れて学力の保障を行うことも重要です。個別的な指導の工夫をあまり講じなくても、自ら環境を利用して力を伸ばしていくことが可能な児童生徒もいるかもしれません。

　しかしながら、多様な児童生徒を誰一人取り残すことなく成長させることを考えた時、学級集団の場における「個に応じた指導」の工夫は必要で、またその観点もさまざまなものとなります。

● クラスにおける実態把握

　「個に応じた指導」を児童生徒が必要としているかどうか、また必要としている場合には、支援や指導の内容や量等については、適切なアセスメントに基づいて決めていくことが必要です。身近に接している学級担任が評価可能なツールとして、「学習と行動のチェックリスト」東京都教育委員会（令和3年3月）、「特別支援教室の運営ガイドライン」内、「『読めた』『わかった』『できた』読み書きアセスメント活用&支援マニュアル」東京都教育委員会（小学校版：平成29年3月／中学校版：平成30年3月）等があり、まずは担任の感覚を数値化するために使用してみるとよいと思われます。児童生徒が何に困っているのか本人が語

| 学年・児童名 | | 記入者 | 在籍学級担任 | |

学習と行動のチェックリスト（小学校 1、2 学年用）

※評価：できる→ A　ほぼできる→ B　あまりできない→ C　できない→ D　未確認→未

【達成度の目安】A:80% 以上　B:80 ～ 50%　C:50 ～ 30%　D:30% 以下

区　分		項　目	A	B	C	D	未	備　考
1 聞く	①	個別に出された口頭の指示を聞いて行動できる。	☐	☐	☐	☐	☐	
	②	一斉の指示を聞いて行動できる。	☐	☐	☐	☐	☐	
	③	聞きまちがいなく、話の内容を覚えることができる。	☐	☐	☐	☐	☐	
2 話す	①	単語の羅列ではなく、文として話をすることができる。	☐	☐	☐	☐	☐	
	②	自分の意思を教師に伝えることができる。	☐	☐	☐	☐	☐	
	③	教師に内容をわかりやすく伝えることができる。	☐	☐	☐	☐	☐	
3 読む	①	既習の文字を読むことができる。	☐	☐	☐	☐	☐	
	②	学年で使用する教科書の一文を流ちょうに読むことができる。	☐	☐	☐	☐	☐	
	③	説明文の内容を読み取ることができる。	☐	☐	☐	☐	☐	
4 書く	①	既習の文字を書くことができる。	☐	☐	☐	☐	☐	
	②	字の形や、大きさを整えて書くことができる。	☐	☐	☐	☐	☐	
	③	決められた時間内で板書を写すことができる。	☐	☐	☐	☐	☐	
5 計算する	①	学年相応に簡単な計算ができる。	☐	☐	☐	☐	☐	
	②	学年相応に簡単な暗算ができる。	☐	☐	☐	☐	☐	
	③	5、10 とまとめて数えることができる。	☐	☐	☐	☐	☐	
6 推論	①	学年相応に図形を描くことができる。	☐	☐	☐	☐	☐	
	②	学年相応に量を比較することや、量を表す単位を理解することができる。	☐	☐	☐	☐	☐	
	③	手本や例示を基に考え、必要に応じて修正することができる。	☐	☐	☐	☐	☐	
7 運動 粗大・姿勢	①	全身を使った運動ができる。（スキップ、ボール運動等）	☐	☐	☐	☐	☐	
	②	つま先立ちや片足立ちができる	☐	☐	☐	☐	☐	
	③	スタートの合図で、全力疾走（30m 程度）ができる。	☐	☐	☐	☐	☐	
8 微細運動	①	配られたプリント等を角を合わせて半分に折ることができる。	☐	☐	☐	☐	☐	
	②	線に沿って紙をはさみで切ることができる。	☐	☐	☐	☐	☐	
	③	箸を使うことができる。	☐	☐	☐	☐	☐	
9 注意	①	身の回りの整理整頓や物の管理ができる。	☐	☐	☐	☐	☐	
	②	人の話に注意を向けて聞くことができる。	☐	☐	☐	☐	☐	
	③	最後まで集中してやり遂げることができる。	☐	☐	☐	☐	☐	

10 行動	①	着席し、むやみに手足を動かさず、授業を受けることができる。	☐	☐	☐	☐	☐	
	②	そわそわせず落ち着いて行動することができる。	☐	☐	☐	☐	☐	
	③	話の途中に割り込まず、最後まで人の話を聞くことができる。	☐	☐	☐	☐	☐	
11 感情のコントロール	①	予定に変更が生じても順応した行動ができる。	☐	☐	☐	☐	☐	
	②	何かに固執しないで行動することができる。	☐	☐	☐	☐	☐	
	③	パニックを起こさず感情をコントロールすることができる。	☐	☐	☐	☐	☐	
12 社会性（集団行動）	①	きまりを守った行動ができる。	☐	☐	☐	☐	☐	
	②	みんなと一緒の行動（集団行動）がとれる。	☐	☐	☐	☐	☐	
	③	場所をわきまえた行動がとれる。	☐	☐	☐	☐	☐	
13 社会性（コミュニケーション）	①	友達と一緒にトラブルなく遊ぶことができる。	☐	☐	☐	☐	☐	
	②	人に対して親しみをもった発言や行動をすることができる。	☐	☐	☐	☐	☐	
	③	相手に合わせた言葉づかいができる。	☐	☐	☐	☐	☐	

児童の得意な点や興味・関心のある事柄

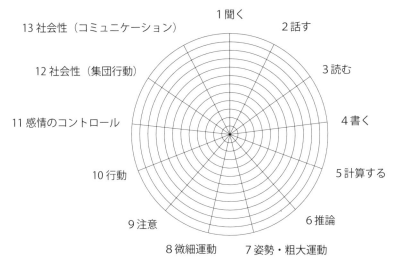

出典　東京都教育委員会「学習と行動のチェックリスト」
（令和3年3月「特別支援教室の運営ガイドライン」）をもとに作成

ることができる場合には、行動観察からだけではなく本人の言葉からも情報を捉えることが可能であり、関わりながらアセスメントを行うことで、より適切に支援を入れていくことが可能になると思われます。

●「分かり方の特性」について

　児童生徒にとって役に立つ個別の教育支援計画を立てるには、一人ひとりの学校生活への参加の状況や活動への制限となっている要因を掴んでおく必要があります。特に、一斉指導の中では学習効果が上がりにくい児童生徒の場合、「分かり方の特性」に着目し、支援の工夫を講じることも有効と思われます。

　例えば東京都教職員研修センターの資料「子供一人一人の「分かり方の特性」を生かした指導法に関する研究」（平成28年度）は、簡潔な説明とチェック表、指導事例まで網羅されているので、大変有用です。

　学習指導要綱　第1章総則の第4の1「児童の発達を支える指導の充実」（全ての児童・生徒対象）には、「学習や生活の基盤として，教師と児童生徒との信頼関係及び児童生徒相互のよりよい人間関係を育てるため，日頃から学級経営の充実を図ること。また，主に集団の場面で必要な指導や援助を行うガイダンスと，個々の児童生徒の多様な実態を踏まえ，一人一人が抱える課題に個別に対応した指導を行うカウンセリングの双方により，児童生徒の発達を支援すること。」とあります。

　学級の中で一人も取りこぼすことなく学力の定着を図っていくには、苦戦している児童生徒の「分かり方の特性」をふまえた授業の工夫を講じることが大切です。そのことで、より理解が深まるその他の児童生徒もいます。多様な全ての児童生徒に必要な学校生活を用意するためには、一斉指導の中でさまざまな指導方法を併用していくことが求められます。

● 心理アセスメントについて

　学校生活に苦戦している児童生徒のニーズに応えるためには、まずていねいな実態把握から始めます。心理アセスメントの方法には、観察によるもの・面接によってわかること・検査によって確認されることと、

大きく３つあります。

　日頃からの観察や、児童生徒との対話を通したアセスメントからわかることもたくさんあります。時には、児童生徒の文章や絵、何気ないつぶやきや表情などからも情報を見取ることができます。毎日一緒にいる保護者や先生・支援者とのなにげないやりとりの中から感じ取ることも大事です。

　また、児童生徒の行動や、学校にある保護者面談の資料等から、児童生徒の生活環境や生育歴（成育歴を含む）、特性を知り、学業・人間関係などを時間軸（過去から現在）と空間軸（児童生徒の生活場面）でつながりをつかむことによって児童生徒の姿を理解していきます。

　ウェクスラー式や田中ビネー式などの知能検査を用いた検査法も児童生徒のニーズを知る重要なツールですが、検査結果を学校側が把握するまでには、保護者の理解が必要であり、費用や時間などもかかります。

　知能検査や発達検査をすでに受けている児童生徒の場合は、発達上の特性が数値になってわかりますが、検査者は数値だけではなく、行動観察や対話からわかる情報も記録しているはずですので、この辺りも参考にするとよいでしょう。検査を行った担当者からの報告書による数値とあわせて所見に記述されている児童生徒の細かな情報に着目することが大切です。

　また、検査後に細心の注意を払いたいのが、保護者の反応です。検査後の結果について、保護者がどのように受け入れ、どのように感じているか、数値や医療を通して示された障害の名称が明らかになることで安心し、我が子の特性と向き合う覚悟をもてる場合があれば、育児への意欲を失う場合もあるのです。保護者だけでなく、本人や支援に携わる全ての人にとっても同様です。児童生徒を理解し適切に対応するために支援を必要としている場合が多く、検査結果についてどのように感じているのかを学校が聞き取り、その気持ちを支援に関わるチーム全体で共有し、信頼関係を大切にしながら検査の結果を扱っていく必要があります。

　人や物事を客観的に評価・分析するアセスメントは、行った後が大切です。「誰が」「どこで」「どのような内容について」「どのくらい」支援

をするのか、アセスメントの情報をもとに「**チーム学校**」で共有します。児童生徒が孤立することなく学校・家庭生活を過ごし、学級担任が周囲と連携しながら指導を行えるよう、特別支援教育コーディネーターが中心になって考えていきましょう。「チーム学校」のメンバーには福祉職のスクールソーシャルワーカー（School Social Worker ＝ SSW）や心理職のスクールカウンセラーや訪問相談心理士、主治医や療育施設など、より専門的なメンバーが加わって対応していく場合もあります。ですが、時間や人、制度には限りがあります。そのため、校内の教員を中心としたスタッフが、児童生徒一人ひとりの学びにつながるように環境を整え、個に応じた指導を工夫することが最初の一歩となります。

● 合理的配慮について

昨今、**合理的配慮**（教育や就業、その他社会生活において障害がある方々の人権が障害がない方々と平等に扱われるよう、それぞれの特性や困りごとに合わせて行われる配慮）については、入学前から要請がある場合もあります。小学校で新１年生を担任する際には、就学前施設（保育園や幼稚園など）から特別な配慮が必要な児童生徒も含め、全ての児童生徒についての引き継ぎ資料が提供されます。この中にはクラス編成や入学式での配慮事項を決める際に有用な情報が記載されています。就学前施設からの引き継ぎ資料や就学相談、就学前健康診断の記録等から、個別の配慮が必要な児童生徒に対しての合理的配慮について検討していきます。

例えば、新しい環境に慣れるまでに時間がかかり、不安が大きくなりやすい傾向のある児童生徒がいる場合、本人や保護者と相談し、入学式前日に学校で打ち合わせをすることもあります。入学式の流れや、何かあったときに助けを求められる教職員などを確認し、児童生徒自身が落ち着く席の位置やサポートする人員の配置などを事前に打ち合わせておくことで、スムーズに小学校生活のスタートを切ることができたという事例もあります。

在籍中の合理的配慮や受験の配慮要請は、年々要請できる配慮の要件

が増えてきています。しかし、在籍中に支援を受けていない状況で、受験の配慮要請のみを行うことは難しいとされる場合もあります。

　原則、保護者や児童生徒本人から要請があった場合、学校側は過度な負担がない範囲でその求めに応じていきます。しかし、要請がなくても、よりよい学校生活を送るために、一人ひとりの児童生徒の状況や気持ちを汲んで、学校側からも気配りや目配りをする姿勢が信頼関係につながる場面も多々あります。学級担任の仕事量は多く、児童生徒一人ひとりに細やかに対応するには限りがあります。特に、伝える力がまだ十分に育っていない児童生徒の場合、その苦戦や困っていることにいち早く気づけるのは、多忙な学級担任だけではないかもしれません。校内の特別支援教育コーディネーターや管理職、介助員やスクールカウンセラー等、先に気づいた教職員からの助言や手助けが学級担任の助けになり、またそれが児童生徒の支援にもつながるのです。

　令和6年4月1日より、合理的配慮の提供が完全に義務化され、私立の学校における教育保障についても、サポートの考え方や配慮の実際には変化がみられています。

5. 多様な児童生徒一人ひとりに必要な支援を届けるためのサポート

　担任が学級集団の中で「個に応じた指導の工夫」を行っていても、なかなかの苦労を要し、さらなる指導を必要とする児童生徒もいます。そのような児童生徒に対し、個への配慮を届けるためには、さらに手厚いサポートを考えていかなければなりません。

　児童生徒が困っているならば、困難を極めてから対応するということではなく、あらかじめ様子を見ながら困難の度合いによって環境や個に応じた指導の工夫を講じ、早期の段階から支援していきます。もし児童生徒が困っている実感がもてないまま、身体化（ストレスや不安が腹痛や頭痛などの体調不良となって現れること）や行動化（ストレスや不安

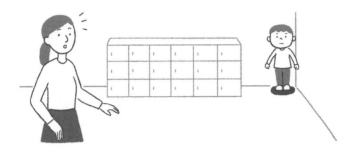

が問題行動となって表出すること）した症状がみられる場合は「困っているよね」と伝え、そこから相談にのっていくとよいでしょう。

　特に、不登校や非行などは、児童生徒からの「声なき SOS」であり、その背後にいる保護者たちを含めて一刻も早い助けを待っていると捉える必要があります。児童生徒たちが、「気づいてくれない」「助けてくれない」と感じ、周囲への不信感を募らせる前に、この本を手に取ってくださっている読者の皆様には、立場を問わず SOS に気づいて早期に対応するよう働きかけてほしいと思います。

　それには継続的な支援を計画的に行っていく必要があります。そのために作成する資料が**個別の教育支援計画**です。さらに、支援を行うことで経験を支えるだけでなく、より指導の目標を立てて共有しながら手だてを講じていくことが求められる場合は、**個別の指導計画**も必要となります。

● 個別の指導計画

　個別の指導計画と個別の教育支援計画は異なります。指導内容や指導方法を、児童生徒一人ひとりの指導目標を中心にして、より具体的に設定し作成します。評価は、指導内容ごとに行い、PDCA サイクルに従って実施と評価を重ねていくことができるように示されます。指導期間を踏まえて、指導目標の難易度は達成できる内容やレベルに設定することが必要とされていて、指導の効果を予測して結果を出していくことが求められています。

　また「連携型個別指導計画」のように、在籍学級と通級の連携をより深められるように工夫した書式など連携を意識できるものから、「短期

個別指導計画」のように、スモールステップで目標達成をしていく過程を見える化したものまで、さまざまに工夫されています。

● 通級

　連携した指導のかたちの一つに、**通級（通級指導教室）**があります。通級は、発達障害等の特性のある児童生徒に対し、自立活動に関する指導を行う教室です。通常の学級で学習をしている児童生徒が、在籍学級を一定の時間のみ抜けて通級指導教室へ通います。個別の指導と少集団指導を行っている教室があり、その教室に独自の教職員が配置されています。

　自立活動とは、学校教育法施行規則（第50条1項）に示された教育課程の中で特別支援学級や通級に準じた教育課程とされています。通常の学級で学んでいる時間数の方が格段に多い児童生徒たちであることから、通級と通常の学級の連携は非常に重要です。

　また、通常の学級のみで学ぶ児童生徒にも「自立活動6区分27項目（36ページの表1参照）」に示される課題は、自立のために必要とされる観点であり、自立活動の指導を受けている児童生徒の指導目標や達成状況を在籍学級の担任が把握し、学級活動などを利用して対応することが、通級を利用していない児童生徒の学習の一助となる場合もあります。

　学級担任は、校内や教育委員会等による研修から情報を得て、さまざまな特性のある児童生徒への理解を深め、指導方法の工夫を重ねています。また、巡回相談や通級指導では、個々の発達特性や環境に焦点を当て、専門的な視点から方策を検討しています。それぞれの担任は非常に忙しい状況にありますが、互いに相談や実際の指導場面を見学し合うことなどから、協力体制を構築していくことも可能です。多様な児童生徒一人ひとりに必要な支援を届けるには、「何を」「どの程度」「どのように届けたらよいのか」の他にも、「学級内で理解されるか」「保護者はどのように感じるか」など、担任にとっての悩みは尽きません。

　学校ではすべての教職員が忙しく動いています。経験の浅い教員からは、「相談できる人（雰囲気）がいない（ない）」「助けを求めたが嫌がられてしまった」「周りの人の時間を奪うようで申し訳ない」「自分一人

1 健康の保持	（1）生活のリズムや生活習慣の形成に関すること。 （2）病気の状態の理解と生活管理に関すること。 （3）身体各部の状態の理解と養護に関すること。 （4）障害の特性の理解と生活環境の調整に関すること。 （5）健康状態の維持・改善に関すること。
2 心理的な安定	（1）情緒の安定に関すること。 （2）状況の理解と変化への対応に関すること。 （3）障害による学習上又は生活上の困難を改善・克服する意欲に関すること。
3 人間関係の形成	（1）他者とのかかわりの基礎に関すること。 （2）他者の意図や感情の理解に関すること。 （3）自己の理解と行動の調整に関すること。 （4）集団への参加の基礎に関すること。
4 環境の把握	（1）保有する感覚の活用に関すること。 （2）感覚や認知の特性についての理解と対応に関すること。 （3）感覚の補助及び代行手段の活用に関すること。 （4）感覚を総合的に活用した周囲の状況についての把握と状況に応じた行動に関すること。 （5）認知や行動の手掛かりとなる概念の形成に関すること。
5 身体の動き	（1）姿勢と運動・動作の基本的技能に関すること。 （2）姿勢保持と運動・動作の補助的手段の活用に関すること。 （3）日常生活に必要な基本動作に関すること。 （4）身体の移動能力に関すること。 （5）作業に必要な動作と円滑な遂行に関すること。
6 コミュニケーション	（1）コミュニケーションの基礎的能力に関すること。 （2）言語の受容と表出に関すること。 （3）言語の形成と活用に関すること。 （4）コミュニケーション手段の選択と活用に関すること。 （5）状況に応じたコミュニケーションに関すること。

表1. 自立活動の内容の6区分27項目

で解決しないといけない」などという声も聞こえてきます。忙しい職員室でいろいろとやることをかかえながら援助要請をすることは、難しいことのように感じるかもしれません。しかし、現在、特別支援教育を受ける対象となる児童生徒を受け持った経験をもつ教員が増えてきています。学級の児童生徒のことを周囲に話す機会をつくり、話すことに慣れてくると、助けてくれる人が見つかったり、自分を苦しめている考えや物事の捉え方を、「こうしてみよう」「変えていこう」と前向きに変えたり整理することができ、新たな一歩を踏み出すことにつながるでしょう。

例えば、離席が多い児童生徒を「何とかしなくては」と思っても、担任も教室を飛び出してついて行ってしまうことはできません。残された他のクラスの児童生徒にとっては担任不在となってしまうからです。校内委員会や支援検討会議等で、飛び出した児童生徒の決まった行き先をある程度つかんでおけば、担任は職員室に電話を入れ、安全管理は他の教員が行うことが可能です。

　教員だけではなく、周りにいる大人たちが人を助けたり、助けられたりする姿を見て育つ児童生徒たちは、人と深いところで関わり、助けたり助けられたりすることが当たり前だと学び取ってくれるのではないでしょうか。大人にも児童生徒にも、また障害の有無にかかわらず、助けを求める力も、多様性を尊重する社会には欠かせません。

● 学習の場の選び直し

　「個に応じた指導」を行いながら、学習を進めていく児童生徒の姿を継続的に見守り、苦戦の状況を確認し、その効果を検証する中で、今後より教育効果が高い**学習の場の選び直し**が生じることもあるでしょう。文部科学省初等中等教育局特別支援教育課による「障害のある子供の教育支援の手引 ～子供たち一人一人の教育的ニーズを踏まえた学びの充実に向けて～」（令和3年6月）に、就学後の学びの場の柔軟な見通しとそのプロセスについての基本的な考え方が整理されています。

　担任は、ていねいなアセスメントに基づき、児童生徒自身の苦戦の状況を把握する中で、児童生徒本人や保護者との信頼関係を構築していきます。学校現場で提供できる合理的配慮には配慮の種類や量に環境ごとの特徴があり、児童生徒に必要であっても、環境の中で対応しきれない場合があります。児童生徒本人が学校教育を通して「生きる力」を身につけられるよう、「必要なことを」「必要な時に」提供することが教育現場と保護者共通の願いです。児童生徒を中心に共通理解を進めながら信頼し、密に相談し合える関係性の構築を第一とし、「チーム学校」として取り組むことが重要です。

特別支援教育の歩み
～人とつながり合う先に解決策はある～
黒川君江先生へのインタビュー

通級指導学級創設期から今に至るまで、支援が必要な子ども、そして保護者に寄り添い続けてきた**全国コーディネーター研究会副会長、NPO法人発達障害支援ネット YELL 元理事長の黒川君江先生**に、通常の学校において、特別支援教育との向き合い方についてお話を伺いました。黒川先生の紡いできた経験、そして志には、特別支援教育のみならず、「教育とは？」という根源的な問いを読み解くヒントが数多く隠されていました。

無我夢中で子ども、保護者、学校に向き合い続けた特殊教育時代

東京に初めて通級指導学級が創設されたのは、今から50年以上前の1969年。黒川先生が千葉大学を卒業し、豊島区時習小学校で通級指導学級の教師として赴任したのはそれから6年後、1975年のことでした。

「当時、特殊学校、特殊学級の整備は徐々になされていましたが、通常の学級に通う障害のある子どもたちに対する支援は、まったくないといっても過言ではない時代でした。そこで誕生したのが通級指導学級です。現在、通級指導学級に通う子どもの多くは、軽度の発達障害のある子どもたちですよね。しかし当時は、知的障害も伴う自閉症やADHDを抱える子どもたちが通級指導学級に通っていたんです」

と、黒川先生は振り返ります。

「通級指導学級も始まったばかりで、指導のあり方を模索している状態でしたし、そういった子どもたちへの社会からの理解もなかったので、とにかく

大変なスタートでした。でも実際に何より深刻だったのは、保護者の悩みの深さでした」

その姿を目の当たりにした黒川先生は、まず保護者を支えるべきだと考えます。

「例えば、通常の学級に言葉を話すことのできない子どもがなんの補助もなく、在籍することを想像してみてください。保護者の不安は計り知れませんよね」

前途多難のなか黒川先生は、具体策を模索します。

「通級指導学級の個別の指導のなかで、1つでも2つでもできることを増やすことが保護者、ひいては子ども、そして通常の学級担任にもよい効果を与えると考えたんです。言葉を発することができない子どもとは、『バナナ』や『リンゴ』のような一語文を繰り返し、繰り返し指導しました（★1）。そして、二語文、要求語、と発展させました。見知らぬところに行くとパニックになる子どもとは、その場所がどこにあるか、どうやって行くか、カードを使って何度も何度も予行演習しました」

このように一人ひとりのニーズに合わせて、ていねいに個別の指導を続けると1つ、また1つと子どもたちは成果をあげてくれるようになります。

「ある保護者が家で子どもと言葉を使ってコミュニケーションが取れましたと喜んでくれたんです。その姿を見て、通級指導学級の意義は、子どもたちのコミュニケーション能力、社会性をともに育んでいくことにあると確信しました」

同時に黒川先生が行ったのは、保護者同士の交流でした。

「当時、障害のある子どもへの教育はさまざまな意見があり、何が正しいのか判断することは専門家であっても難しい状況でした。その上、親が悪いという議論も根強くあり、保護者は混乱し、深く傷ついているように思えました。そのつらさは、なかなか人と共有できるものではありません。でも、当事者同士なら悩みを共有することができるのでは？と思い、座談会や交流会を定期的に開催することにしたんです」

当時、交流会に参加していた親子とは、今でも交流の場を作ることがあるそうです。

「数年前、お会いしたとき保護者から『まるで自分の親のように思っていろいろ話していたけれど、先生、当時は20代だったんだね』と言われたことがとても印象的で。1時間でも、2時間でも

とことん話を聴き続けたことがそう思わせたのかもしれませんね」。

またもう一方で、通常の学級の担任のもとにも何度も足を運んだといいます。

「実際、通常の学級で指導を行っているのは担任の先生です。重度の障害のある子どもがいるなか、1人で授業を運営する苦労は、並大抵のものではなかったはずです。授業中に困り果てている姿を見ることもしばしば。しかし、私も新卒だったので役に立つ助言は、なかなかできませんでした」

そこで黒川先生は、担任が工夫しているところや頑張っているところを探

し、「本当にいつもよくやってくださってありがとうございます」と感謝の気持ちを伝えたのです。その上で保護者の苦労、心配、悩み、そして情報を共有しました。

「それまでバラバラだった保護者と担任の橋渡し役、そんな感覚でした。思えばこの時代は、みんなが意思疎通を図れずに孤立していたように思います。私はそれぞれに『大丈夫だよ、1人じゃないよ』と声をかけて、つないでいく作業を繰り返していたのかもしれません。同時に特別学級や支援学校への参観や、社会的サービスについての学習会も重ねました。また、進路を選ぶ情報を数多く提示しました」

◇◇◇◇◇◇◇◇◇ ● ◇◇◇◇◇◇◇◇◇

できることを増やすポジティブな教室を誕生させた特別支援教育時代

その後も通級指導学級の開級やカリキュラムの構築に尽力した黒川先生に転機が訪れます。

「1992年に文部省（2001年より文部科学省）が特別支援教育の研究開発校を全国に2つ作りました。その1つである文京区駒本小学校で研究主任として働かないかとお誘いを受けたんです。正直これにはとても悩みました」

研究対象は特別支援教育の教育課程について。特別支援学級の教育に必要なものは何か、その全体像を掴む大きなプロジェクトでした。

「あまりにも対象が大きすぎて、自分にはできないとお断りしました。でも、どこか心残りで一晩悶々と考えたんです」

当時、東京以外の地域では通級指導学級はまだまだ普及しておらず、その

存在すら知られていない地域もありました。逆に言えば、東京は通級指導学級のトップランナー。

「そこでやっと『私1人でやるわけじゃないんだ』と気がつきました。これまでやってきた人と人とをつなぐ仕事の延長線上にあると思い直し、引き受けることにしました」

黒川先生は人と人とをつなぐため、医師や研究者が名を連ねる専門家委員会、都内10校の通級指導学級を束ねる協力校委員会、養護教諭、校長、特別支援教育コーディネーターなどを合わせた校内委員会を創設。研究において外部からのアドバイスをもらえるような環境を作りました。

この頃になると通級指導学級に通うのは、今と同様、軽度の発達障害のある子どもが中心。軽度の発達障害のある子どもやその保護者は、通級指導学級というネーミングに抵抗感を示していると感じたそうです。

「駒本小学校では、コミュニケーションの教室『いずみ』と名付けました。〇〇ができないから通う場所ではなく、〇〇がよりよくできるようになるための場所とポジティブに捉えてもらえるよう工夫をしましたね」

以後、東京の通級指導学級ではコミュニケーションの教室というネーミングが広く使われるようになったといいます。

「具体的には、個別学習では一人ひとりの特性やつまずきに合わせた指導を重ね、通常の学級での授業に自信を持って加われるよう先行学習をする場合もありました。加えて小集団学習にも力を入れましたね。これまでの経験から、コミュニケーション能力や社会性の重要性は身に染みて感じていたので、遊びや運動を通して、人と関わる楽しさやルールを意識させるようにしました」

こうして特別支援教育に関する教育課程の枠組みが少しずつ確立されていきます。

◇◇◇◇◇◇◇◇ ● ◇◇◇◇◇◇◇◇

子どもを中心に
コンサルテーションの輪を広げる工夫

研究主任として子どもたちと向き合

うなかで、黒川先生はコンサルテーション(★2)の重要性もまた痛感していました。

「私は当時から、今で言う巡回相談（★3）を行っていました。そのなかで伝えたことは、教員へのコンサルテーションの鍵を握るのは、通級指導学級の担任の心構えであるということです」

通級指導学級の担任には、とにかくたくさんの人の力を借りて、子どもたちと向き合う方法を具体的に示していきました。

「通級指導学級の担任が通常の学級の担任と話すだけでは、充分ではありません。まず校長室へ出向き、校長先生の理解を得ること。さらに養護教諭、特別支援教育コーディネーター、スクールカウンセラー、学年主任とさまざまな先生に協力を仰ぎ、巻き込み、輪を作ること、その学校で実質的な校内委員会を開催することです。これこそが、通級指導学級の担任としての責務だと繰り返し伝えました」

学校全体で支援体制を作ることが、コンサルテーションの基盤となると黒川先生は学んでいきました。さらに保護者にもその輪に加わるように促したといいます。

「知的障害の程度が軽くなったとはいえ、保護者はどうしても孤立しがちでした。そこで交流会を開き、卒業生の保護者から話を聞く機会を設けました。

私たち担任が数年かけて信頼関係を作り、初めて言えるようなことも実際に経験してきた先輩保護者であれば、2、3分で話が済むんですよね。リアルな体験をしている者同士、納得の度合いが違います」

さらにもう一歩踏み込んだのが、学校と保護者との関係性の構築でした。

「学校には保護者が、保護者には学校が話し合いを継続したいと願っていると伝え、話し合いが一度きりにならないように努めました」。

こうして支援環境に関わる枠組みも徐々に整い、文部科学省が構想した特別支援教育研究は集大成を迎えました。しかし、全国的に見れば、特別支援教育の実情はまだまだ混乱を極めていました。さらに2007年には特別支援教育コーディネーターの指名が始まります。黒川先生は、特別支援教育に関する研究をここで止めては元も子もないと東京コーディネーター研究会を発足させ、話し合う場を設けました。

「正直なところ、最初は集まった人々で愚痴ばかり。でも、それも何とかしたいという思いから生まれたものです。知恵を出し合い、工夫やヒントをシェアすることで自身も孤立から救われる、そんなかけがえのない体験をしました」

地方からも人が集まるようになり、全国コーディネーター研究会に発展。特別支援教育への理解、定着、そしてそれを担う人材育成に大きく貢献しました。

◇◇◇◇◇◇◇◇ ● ◇◇◇◇◇◇◇◇

"人に頼ってもいい" 空気感を生んだインクルーシブ時代

現在、特別支援教育は大きな転換期を迎えていると黒川先生は言います。

「共生社会を形成するためのインクルーシブ教育システム（★4）の構築が叫ばれていますが、ただ単にみんなが一緒にいること＝インクルーシブではありません。特別支援教育を通して、各々の障害や個性、能力に合わせてきめ細やかな支援を行い、障害のある人もない人も同じ社会に参加し、学ぶことがインクルーシブの意味だと私は考えます」

コロナ禍を経て、支援を求める子どもの幅も今までとは比べものにならないほど広がりました。

「発達障害だけでなく、ヤングケアラー（★5）やギフテッド（★6）、不登校など、社会の変化とともに子どもたちが抱える問題は、より幅広く、そしてより深刻化しています。特別支援教育は、そんな社会の変化に合わせて、柔軟に発展していく必要があります。目の前にいる困った人を助けるには、誰に協力を仰ぐべきなのか、何をすればいいのか。今一度しっかりと人と人が向き合うことが求められているのではないでしょうか。今では巡回相談も心理士、言語療法士、特別支援学級等、多彩です。また支援員や加配教員といったプラスワンの支援も加わっています」

今は学校や特別支援教育を取り巻くサービスや情報も多様に存在します。しかし、たくさんあるが故に十分に活用できていない側面もあります。

「やはり、基本に戻ることが重要です。まずは保護者を支えること、そして学校と地域全体で支援していく体制を作ること、この2点をまずはしっかりと整えることが先決です。1人ではなく、チーム力でバックアップする、その環境を今一度見つめ直す必要があると感じますね」

日々刻々と変わる世の中は、見通しを立てることも困難です。

「子どもや家庭、学校、そして特別支援教育に関わる人々だけでなく、社会全体に通ずることですが、自己責任を問う声が大きく人間関係が希薄になっていることを危惧しています。人とつながり合うことは、勇気のいることでもあります。でも、そこから生まれるパワーこそ、誰も孤立させない社会に必要なもののようにも思えるんです。難しい時代ですが、各々が自分の置かれている環境でできることを精一杯やっていくこと、これに尽きるのではないでしょうか。その上でできることを増やしながら、人と向き合い、つながっていく、こつこつ諦めずに。その先に解決策や答えがあるような気がしています」

◇◇◇◇◇◇◇◇◇　●　◇◇◇◇◇◇◇◇◇

★1　特別支援教育の黎明期には、さまざまな障害種の児童生徒が通級指導学級（＝通級指導教室）で学んでいました。

★2　異なる専門性をもつ複数の者が、援助対象である問題状況について検討し、よりよい援助の在り方について話し合うプロセス。

★3　児童生徒の一人ひとりのニーズを把握し、児童生徒が必要とする支援の内容と方法を明らかにするために、担任、特別支援コーディネーター、保護者など児童生徒の支援を実施する者の相談を受け、助言すること。

★4　障害のある者と障害のない者が可能な限り共に学ぶ仕組み。

★5　本来大人が担うと想定されてる家事や家族の世話などを日常的に行っている子どものこと。

★6　突出した才能を生まれつき授かった人のこと。

学校の教職員の役割

教職員と連携するために
外部専門家の先生たちへ

　学校とは、どのようなところなのでしょうか。この章では、入学したばかりの児童生徒や保護者、外部から関わりをもつ支援者や専門家にも学校という組織を理解し、連携しやすくなるようにポイントを整理していきます。

1. 校内資源　教職員とそれぞれの役割
新年度に配られる校内組織図を手元に置いて

　学校組織内での「サポート体制」の構築と活用のためには、まず学校現場とそれを取り巻く人々の基本的な役割について知ることが大切です。いざというときに、誰に相談すればよいのかわからないということになりかねません。新規採用の教員、臨時職員や外部委託の職員、連携・協力機関、ボランティアまたは保護者など、外から新たに関わる人にとって学校組織や教員の役割分担はわかりにくいものです。また、名称等が全国に共通するものと各地方自治体により異なるものが混在しています。

　ほとんどの学校では、4月に「教育計画」という冊子や、組織図・校務分掌の一覧などが配布されます。これは外部の専門家にとって学校をよく

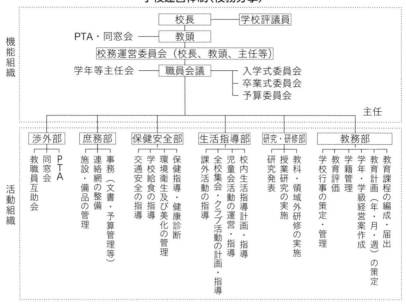

学校運営体制（校務分掌）

機能組織

校長 ―― 学校評議員

PTA・同窓会 ―― 教頭

校務運営委員会（校長、教頭、主任等）

学年等主任会 ―― 職員会議 ―― 入学式委員会
卒業式委員会
予算委員会

主任

活動組織

渉外部	庶務部	保健安全部	生活指導部	研究・研修部	教務部
教職員互助会 同窓会 PTA	連絡網の整備 施設・備品の管理	事務（文書・予算管理等） 交通安全の指導 学校給食の指導 環境衛生及び美化の管理 保健指導・健康診断	課外活動の指導 全校集会・クラブ活動の計画・指導 児童会活動の運営・指導 校内生活指導計画・指導	研究発表 授業研究の実施 教科・領域研究の実施	学校行事の策定・管理 教育行事の策定・管理 学籍管理 学年管理 教育評価 学年・学級経営案作成 教育計画（年・月・週）の策定 教育課程の編成・届出

図 5. 公立学校の運営体制の例

出典：JICA、2003、「日本の教育経験：―途上国の教育開発を考える―」P61 内の図をもとに作成

知るための資料となります。

　学校によって組織の名称（部や会）などや、仕事の割り振り方は違っています。ここでは特別支援教育に関係する教職員の仕事や、連携のポイントについて基本的なものと思われるものを紹介します。

1）管理職

❶ 校長（特別支援教育実施の責任者）

　学校の最高責任者である校長は、特別支援教育においても実施の責任者であり、常に教育活動への知見を深め、教職員を導くリーダーシップが求められます（文部科学省 2014）。

　具体的には、適任者を特別支援教育コーディネーターに指名し、担当者に適時指導を重ねて、学校全体の特別支援教育への理解が深まるよう

導くことが可能です。例えば、教職員に学びの機会として研修会を設定したり、近隣の大学と連携して学習支援ボランティアを募ったり等、学校の実態に応じた特別支援教育の体制づくりは、校長のビジョンと熱意によって生まれることが多くあります。

連携 の ポイント

　外部から学校を訪れ、学校と連携して児童生徒の教育活動を支援する人には、校内での始業と終業時に管理職に挨拶をする機会があるかもしれません。その際に気づいたことや、校長に伝えておいた方がよいと思うことは、記録や口頭で端的に伝える**「報告・連絡・相談」**をしっかりと行いましょう。

　また、業務内容について判断に迷うときは、担当となる窓口の教員を通して相談をしていきますが、状況によっては最終的に校長に相談して、判断を仰ぐことも大切です。

　児童生徒の支援に関わる業務についての相談は、まずは関わる教員にします。相談の対象の児童生徒が複数である場合などは特に特別支援教育コーディネーターにも相談することが多いです。ただし、教員による児童生徒への体罰など、教職員に関わる問題の場合は、副校長や校長に直接相談をする場合もあります。現場の教員は、いくつもの仕事を抱えているので、状況を見ながら、相談するのがおすすめです。

❷ 教頭・副校長（地域や保護者、連携先や教育委員会との窓口）

　副校長は、2007年の学校教育法改正によって登場した職階です。東京都では従来の教頭が廃止され、代わりに副校長が置かれています。職員室全体を見渡せる席で、地域や保護者、連携先や教育委員会など、学校の内外からのさまざまな相談窓口にもなります。連絡や書類が来ると、担当者に割り振り、逆に教職員から情報を聞き取るなど、校内のことに気を配り、常にいくつもの仕事を同時進行で進めています。

　特別支援教育についても、他機関との連携やスクールソーシャルワーカー（SSW）とのやりとり、教育委員会などへの依頼、申請は副校長が窓口になることが多いでしょう。

連携 のポイント

　出勤日時の変更、遅刻や欠勤など勤務についての相談は、副校長にします。副校長は、校内事情等、情報の集約をしています。教職員も、校内で生じたトラブルや保護者等へ伝えた内容については、保護者対応の窓口となる管理職（副校長）に随時報告し、学校内で統一した対応が取れるようにしています。

　児童相談所等との連携が必要となるケースなど、直接情報提供を行ったほうがよいと判断される場合は、担当の教員を通して時間を調整してもらい、報告をしておくとよいでしょう。

❸ 主幹教諭（児童生徒の情報や日程調整の要）

　主幹教諭は校内で「教務主幹」や「生活指導主幹」「研究推進委員長」など、多くの校務を抱えています。

　学校教育法で主幹教諭は、校長（副校長を置く小学校にあっては、校長や副校長）及び教頭を助け、命を受けて公務の一部を整理し、並びに児童の教育をつかさどるとされています。つまり、校長や副校長を補佐し、教員のリーダーとして学校運営組織を円滑に機能させるための役割があるので、校務分掌間の調整を行ったり、教職員の意見を取りまとめて校長へ意見を具申したり、その逆も含めてさまざまな人と人とをつなぐパイプ役です。また、教職員への指導や助言、指示などを通しての人材育成も期待されます。ただし、配置人数や学校の実情に応じて、担う業務も異なります。

> **連携** の **ポイント**
>
> 　教務主幹とは、主に日程調整が必要な場面で関わることになるでしょう。生活指導主幹ならば、校内全体で支援が必要とされる児童生徒の情報を得る際に相談することになります。校長や副校長が不在の場合には、主幹教諭が代役を務めます。

2）教諭

❶ 担任（児童生徒にとって安心安全な学級運営と教室活動を行う）

　一般的に小学校では、学級担任が１人でほとんどの教科を指導します。地域や学校規模によっては、低学年の学級に副担任がいたり、より指導に専門性が必要な音楽や図工・家庭科、高学年の理科や社会科などは専門の教員（専科）が指導することもあります。児童生徒にとって担任は、授業の間だけではなく、学校生活全般にわたって常に目をかけ、手をかけてくれる存在で、安心にもつながります。

　中学校では、学級担任の他に副担任や学年担任などがいることが多く、学習指導も多くは教科担任制です。複数の先生が情報交換をする中で、児童生徒への見方（見取りや見立て）が広がるというメリットと、

1人の教員が1日中生徒の姿を見ているわけではないので、1日を通して生徒を見られないというデメリットがあります。

　特に発達障害等がある児童生徒の場合には、刺激の感じ方や、物事の受け止め方、表現方法などが独特で、周囲から理解され難いことがあります。そのようなときに、多様な見方ができる教職員や周りの大人が関わり、十分に連携しながら、複数の目で児童生徒の理解を深めていくことは、よりよいサポート体制の構築につながります。

　担任制度については、それぞれに良さと難しさがありますが、文部科学省では小学校でも教科担任制の導入を進めていく方向です。（文部科学省「義務教育9年間を見通した教科担任制の在り方について（報告）」参照）。

　複数の教員が児童生徒と直接関わっていくようになっても、誰にとっても安心安全な学級風土や、わかりやすい授業という基盤づくりは、担任を中心に行います。多様性を認め合える先生や児童生徒たちが、主体的、対話的に学びを深めていく授業を展開することは、すべての児童生徒にとって学びやすく楽しい授業であり、学力向上につながることでしょう。

連携 の ポイント

　学校と連携して児童生徒を支援する立場としては、担任の考え（指導方針）に沿って児童生徒と関わることになり、最も密につながります。しかし、忙しい担任といつ話せばよいのかタイミングがつかめなかったり、連携に苦労することもあるかもしれません。さらに、相談に上がった児童生徒に最も中心となって関わる担任自身の主訴がつかみにくいときのカンファレンスには、より配慮が必要です。

　そこで、特別支援コーディネーターの重要性が見えてきます。訪問先では訪問相談後の会議に、担任以外にも支援員やボランティアなど、児童生徒をサポートする人たちや管理職が参加することもあります。このような機会を通して情報を共有し、新たな方針を打ち立てていくチーム作りが大切です。

❷ 特別支援教育コーディネーター

（情報の管理や活用、研修の企画・運営を行う）

　特別支援教育コーディネーターは、校内の特別支援教育を推進していくリーダー的存在です。どのクラスにどのような特別な支援を必要とする児童生徒がいるのか、担任の指導方針や対応において困っていることは何かなど、校内の実態を把握していきます。そして、必要な連携先との連絡調整やその窓口、校内委員会や全教職員対象の研修会の企画や運営など、さまざまな方面から校内の特別支援教育を推進していくことができる役職です。

　特別支援教育コーディネーターには、「チーム学校」をコーディネートするための高いコミュニケーション能力と情報管理スキル、学校の実態に合った研修の企画・運営をする実行力などが求められます。

　常時校内にいる教員が指名されることが望ましいのですが、一方で必要とされる内容をすべて果たすことが困難な場合もあり、それぞれの得意分野を生かせるよう適任者を複数名指名している学校も多くあります。特別支援教育コーディネーターの仕事は、学校の特別支援教育全体を左右するという認識のもと、管理職が適任者を指名し、その後も管理職が特別支援教育コーディネーターを育成し、スムーズに業務を行うことができるように支援することで学内でうまく機能します。

連携 のポイント

　学校は校内委員会の議事録や対象児童のこれまでの指導や成長を記録したファイル等を管理しているので、何か知りたい情報がある際にはまず特別支援教育コーディネーターに声をかけることが適切です。特別支援教育コーディネーターに指名されたばかりでファイルの整理の仕方、校内委員会の開催など業務の進め方に困っている様子があれば相談にのることもできるかもしれません。

　支援に携わる場合の窓口として、初めに関わるのが、この特別支援教育コーディネーターの教員です。学内で1人で担当している場合、担任などと兼務であるため、もともとの業務の関係でどこまで直接関わることができるかは学校により事情が異なりますが、しっかりと関係性を作っておきましょう。

❸ 通級指導担当の教員（発達特性に適した指導を見つけて情報を共有する）

　通級指導教室（東京都の場合は特別支援教室）は、各学校に設置されている場合もありますが、指導教員が拠点校を本務校としながら近隣数校を回って指導する巡回指導など、自治体によってその形態が違います。通級指導教室での指導だけでなく、在籍学級での児童生徒の行動観察をして、在籍学級担任等に必要な配慮についての助言や情報共有、校内委員会や支援検討会議への参加、また、通級指導教室の運営に関する業務なども担います。

　通級指導は、発達障害等のある児童生徒が日常生活の中で抱える困難の改善や克服を目的としているため、通級の利用時間は、児童生徒の実態に応じて1週間に1時間から8時間と幅があり、教育課程に準じ小集団指導や個別の指導などを通じて児童生徒一人ひとりに最適な学びの場を提供します。個別の指導計画の作成に当たっては、指導の中での観察や、日常的なやりとりの様子、知能検査の結果などから、その児童生徒に合った指導方法や教材を見つけるという専門性が求められます。

　初任者も含め特別支援教育をこれから学びたいという教員も多く、専門的な指導の仕方についても試行錯誤が続いています。そのような現場の悩みに応える形で、文部科学省から「初めて通級による指導を担当する教師のためのガイド」（令和2年3月）が発行されました。通級指導

の場とそれが担う役割の理解、年間ス
ケジュールの立て方やアセスメントの
仕方等について広くガイダンスされて
いて、基本的な事柄が共有できるよう
に示されています。

実際に通級の授業を体験して理解を深める研修会の様子（東京都江戸川区平井南小学校）

連携 のポイント

　通級指導の先生と在籍学級の担任の
間では、児童生徒の様子を記録した
ファイルのやりとりや、口頭での情報共
有がされています。また、在籍学級で
の姿や通級指導中の様子を実際に見る
ことも可能です。個人情報の管理に配慮した上で録画したものを共有するこ
とも行われています。それぞれが多くの校務を抱えているなかで分担して取り
組むことになりやすいですが、児童生徒の学校生活を支えるためにはゆるや
かに重なり合うことも必要です。通級指導と在籍学級の連携を考えるとき、
直接の担当者間で「いつ」「どこで」「どのように」児童生徒の様子を共有
するのか工夫することと同時に、一部の教職員だけでなく校内全体が特別支
援教育についての理解を深めることが大切です。特別支援教育について校
内研究として取り組んでいる学校もあります（写真参照）。

❹ 養護教諭または保健室の先生（学校全体の心と体の健康に気を配る）

　保健室の先生として親しまれている養護教諭は、児童生徒だけではな
く、学校全体の健康管理や健康教育を行います（「養護教諭は、児童生
徒の養護をつかさどる」学校教育法第 37 条第 12 項）。

　全校の児童生徒の心身の状態をよく把握していて、児童生徒との心の
距離が近い存在であることから、養護教諭が学内の特別支援教育コー
ディネーターを兼務していることが多くあります。

　養護教諭は児童生徒の各学級内での毎朝の健康観察（出欠確認）の情
報を集約し、管理職に報告します。そのため、出欠席の状況から、児童

生徒の登校しぶりや心身の問題に早い段階で気づき、相談窓口になることもあります。実際の不登校対応で、児童生徒の心の拠りどころとして養護教諭が役割を果たしたことで、保健室登校を経て児童生徒が教室に戻ることができた事例もあります。「日常に潜む危険（ヒヤリハット）」に子どもたちが遭遇したとき、学校でできる処置や、本人や周囲の人々の不安な気持ちの受け止め方などは、生じている事件や事故の種類や状況によって異なります。学校で身近に起こりうる事例に多目的な対応を行うことのできる養護教諭は「チーム学校」の重要な一員です。

　また、児童生徒が生活の中で出会うさまざまな病気・けが・事件・事故に関わることも多くあります。必要な心理的支援を早期から行うことのできる養護教諭は、学校におけるゲートキーパーとして機能することが可能です。

　養護教諭は、健康診断の準備や実施、けがや病気の応急処置など保健室経営をほぼ1人で担うため（ただし、学校規模によっては複数名）、多忙な時期や時間帯があります。特別支援教育コーディネーターと養護教諭の仕事を兼ねるには、教員と立場が異なることや仕事量が多くなる時期のことなどへの管理職や職場の理解が必要です。

■連携 のポイント

　児童生徒の場合、不安や緊張が体調不良として現れることがよくあります。初期対応が肝心となるので、児童生徒を保健室で休ませる際は、養護教諭から保健室で過ごしたときの様子も聞いて次の対応を考えます。

　例えば、登校しぶりから段階的に教室に戻るケースでは、しばらく保健室で過ごすこともあります。その際に大事なことは、担任や保護者、そして児童生徒が保健室で過ごす時間や期間、過ごし方（学習内容など）の方針についてあらかじめ相談しておくことです。

❺ 栄養教諭・栄養士（学校における食育推進の要）

　児童生徒が発達段階に応じて、食生活に対する正しい知識と望ましい食習慣を身に付けることができるよう、学校教育全体で食に関する指導に当たり、家庭や地域、他校種との連携を深め、学校における食育の一層の推進を図ることが期待されています。

　児童生徒によっては、感覚の過敏さによって極度の偏食となり、給食の時間を苦痛に感じるようです。例えば、ご飯の上に具入りの餡をかけたメニューは、餡のとろみで食べやすいと感じる児童生徒がほとんどですが、中にはいくつもの味が混ざることがとても耐えられないという児童生徒もいます。固いきゅうりを食べることを嫌がる児童生徒などは、「口の中が痛くなるから」「噛むと音がうるさいから」と、その理由もさまざまです。感じ方は人それぞれで、苦戦している児童生徒の苦痛は計り知れません。このようなときに、担任が配慮するだけでなく、栄養教諭や栄養士に相談するのもよいでしょう。食材・食具・食べ方の工夫など、対処法を見つけることができれば、その児童生徒の苦痛は軽減されるかもしれません。アレルギーを含めて、可能な配慮を探す段階から連携していくことが必要です（食に関する指導の手引－第二次改訂版－（平成 31 年 3 月）：文部科学省（mext.go.jp）参照）。

> **連携** の **ポイント**

　給食において合理的配慮が必要な場合、事前に相談をして可能な範囲で協力をお願いしておくとよいでしょう。その際、まずは、児童生徒の食べられるものと食べられないものをリストアップすることで、苦手の傾向をつかむことが

できます。視覚的な選択（食わず嫌い）、聴覚や噛み心地、匂いや味など、五感に沿ってみていくと傾向がつかみやすいと思われます。その上で保護者への聞き取りを行ったり個々の児童の特性や家庭環境などを十分考慮して進めたりしていきます。担任としては、情報を共有しながら段階的な取り組みを行っていきます。校内に栄養士は1人しかいないことが多いので、忙しい時間帯を避けて気軽に相談できるよう、日ごろからコミュニケーションをとっておくことがポイントです。

3）校内の頼れるサポーター

❶ 学校用務員・校務員等（校内や登下校の環境を整える）

　学校では、校内美化や過ごしやすい環境を整える用務主事や、教材・物品の管理をはじめ、事務的な仕事を担う事務主事が働いています。得意な分野を児童生徒のために発揮して活躍をしているこれらの校務員等の中には、校内の環境を整えるだけではなく、合理的配慮に必要な物品（例えば姿勢保持のための椅子の下に置く台の作製や、昇降口の段差を解消するスロープの取り付け）の用意などを請け負うこともあります。

　また、児童生徒と直接の関わりを通して、貴重な情報に気づいて、臨機応変にサポートをすることもあります。学校によっては、教室を飛び出す児童生徒の行き先が用務室であったり、用務員等の仕事の手伝いなどから「ありがとう」と言われた児童生徒が、気持ちを切り替えて教室に戻っていったりという姿を見ることもあります。

連携 の ポイント

　用務員等は登下校、休み時間などさまざまな場面で自然な児童生徒の様子を見ています。また、送り迎えをする保護者の姿を見ることもあります。これらの情報を持っていてもその情報を提供する仕組みは校内にはありません。しかし共有することで、登下校時の不審者から児童生徒を守る対策につながった事例もあり、用務員等も「チーム学校」の貴重なサポーターであると心に留めることが大切です。日ごろから積極的にコミュニケーションをとることで、より児童生徒の普段の姿や保護者の様子を知ることができます。

❷ 特別支援教育支援員等（特別支援教育を支える人たち）

　教育上、特別な支援を必要とする児童の学習または生活上必要な支援に従事する特別支援教育支援員（以下「支援員等」と記載）は、学校に配置されている職員です。その名称及び職務内容を規定したルール（学校教育法施行規則第 65 条の 6 関係）に基づき、名称や業務内容、職務権限や研修の有無など、地方自治体によりさまざまです。特別な支援が必要な児童生徒への支援について責任を負っているのは学級担任等であり、その補助をすることが特別支援教育支援員の基本的な役割です。学級担任は、方針を支援員に示して、どのようなサポートが必要なのかを伝えたり、情報交換によって支援方針や計画に修正を加えたりします。特定の児童生徒や周囲の児童生徒たちへの安全確保が第一ですが、そのほか細かいところで児童生徒がいま困っていることに気づき可能な範囲で支援を行います。学校内で最も児童生徒と近いところにいるサポーターともいえます。学級担任と連携した支援員等の支援に助けられたと感じる児童生徒が多いと思われます。

連携 のポイント

　児童生徒の最も近くにいる支援員等は、実際の場面でどのように支援をすることが児童生徒のためになるのか、日々悩み模索している場合もあります。教職員の間で役割を調整したり、支援の量やタイミングを相談したりする際に、支援員等の悩みを汲み取り、気づきに敏感になり、その情報をふまえることが必要となる場合があります。児童生徒に必要とされ、自立を支える支援のあり方について方向性が一つになっていくように、支援員等が支援会議に参加できるシステムを整えたり、教職員が支援員等の困っている姿に気づき、積極的にコミュニケーションをとって働きかけたりすることで、情報共有や意思の疎通が円滑になります。

　「発達障害を含む障害のある幼児児童生徒に対する教育支援体制整備ガイドライン」（平成 29 年 3 月文部科学省）や各地方自治体の教育委員会でもさまざまな名称で支援員の配置を進めています。まずは、関係

する地域にいる支援員等の名称や業務内容・職務権限等の情報を整理しておくとよいでしょう。

❸ 特別支援教室専門員（東京都では通級指導教員と担任をつなぐ連絡・調整役）

　東京都では、特別支援教室を設置しているすべての学校に、特別支援教室専門員（以下「専門員」と記載）を1名ずつ配置しています。毎日同じ学校にいるわけではない通級指導教員（拠点校に在籍し、巡回校をいくつか持ち、週の数日、決められた学校での通級指導を行います。45ページ参照）と担任との間をつなぐ連絡・調整役として専門員が配置されているのです。

　業務内容は、時間割の調整、情報の伝達など、事務的なことから、通級指導の内容を担任に伝えたり、逆に在籍学級であった出来事などを通級指導教員に伝えたりします。また、通級指導教員の指示で、教材や教具を作成・作製することもあり、第3章以降に述べる「特別支援教室巡回相談心理士」との連絡・調整なども行います。

　特別支援教育に対し理解と熱意のある人が、この職に就くことが望まれています。児童生徒が通級指導を受けている間も、専門員は指導内容を近くで見て記録をとったり、通級指導教員の指示で活動に加わって支援したりすることもあります。

　このような専門員の記録や支援によって、通級で見つけたその児童生徒なりの学び方や、必要な合理的配慮、効果的な言葉がけなどが、在籍学級の担任に伝わりやすくなります。その際に、特別支援教育の知識があれば、伝え方がより具体的になって効果的な支援方法が見つかっていくのです。

　また、専門員自身が、児童生徒たちにとっての拠り所となることもあります。児童生徒にとっては、校内に自分のことを助けてくれる人、成長を喜んでくれる人が1人増えたことになるでしょう。

▌ 連携 のポイント

　特別支援教室と在籍学級両方の児童生徒の様子を専門員は知ってい

す。これらの情報を最大限に生かせるかどうかが支援連携のポイントになってきます。そのために、話す時間や場をつくることや、気軽に児童生徒の様子を話せるという関係性のベースが必要です。

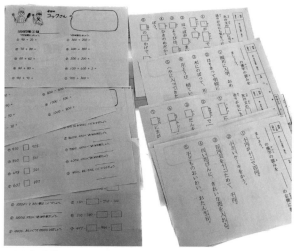

ある専門員が通級指導教員の依頼で作成した児童生徒用の個別課題プリント。

　写真は、ある専門員が作成した児童生徒用の個別課題プリントです。このように専門員は、教員の要請で教材を作成することもあります。在籍学級での宿題をこなすことができず、登校も渋るようになっていた児童生徒に対し、その子に合った内容と分量の個別課題を作成したのです。プリントの上部にはイラストの「コックさん（国語と算数のプリントを縮めたネーミング）」に添えられた吹き出しがあります。

　吹き出しに書く内容をこの専門員に尋ねると、返却時に児童生徒への励ましを書くスペースだと教えてくれました。ちょっとした工夫ではありますが、この児童生徒は、担任や専門員のこういった寄り添う形での支援に励まされ、課題に対し頑張れるのではないかと考えます。

　通級指導教員と在籍学級の担任、そして専門員が、目の前の児童生徒についての情報を共有することで、その児童生徒に最も必要な支援は何かを考え、実現可能な方法を見出していくことができるのだと思います。

2. 児童生徒と教員を支えるその他の資源

　1995年、当時の文部省（現文部科学省）が「スクールカウンセラー活用調査研究委託事業」を立ち上げ、全国にスクールカウンセラーを派遣してから早くも25年以上経ちました。当時は教員以外の職種が学校現場に入ることに学校自体が慣れていなかったため、学校からもスクールカウンセラーからもさまざまな苦労が語られました。時代が流れ、現在では学校現場にさまざまな人が関わることに現場がやっと慣れてきました。そして関係機関との連携は今、新たな局面を迎えています。

　現在、特別支援教育・学校における働き方改革・GIGAスクール構想・医療的ケア児の支援体制整備・帰国外国人児童生徒に対する支援等、さまざまな分野で学校は変化を、そして地域との連携強化を求められています。

　その中でチームとしての学校のあり方が再検討され、**地域とともにある学校づくり**（コミュニティ・スクール／学校運営協議会制度）が推進され始めています。コミュニティ・スクール（62ページの図6参照）は、学校だけでなく保護者や地域の住民が協働して地域性を生かした学校を運営するための仕組みです。

　また、通級指導を受けている児童生徒の増加に対応するため、令和3年度「発達障害のある児童生徒等に対する支援事業（経験の浅い教員の専門性向上に係る支援体制等構築研究事業）」や、「学校における医療的ケアの今後の対応について（初等中等教育局長通知）」に対応するため、教育委員会において各学校に医療的ケア児の状態に応じた看護師等の適切な配置を行っています。今日的な課題に教育行政が対応するため学校現場は大きな変化にさらされ、安定した学校経営・学級運営を行いながら変化にも適応するという柔軟な姿勢を求められているのです。

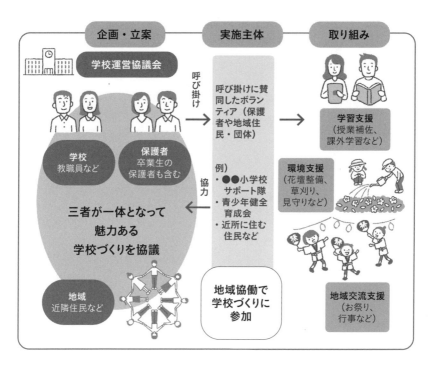

図 6. コミュニティ・スクール（学校運営協議会制度）とは

厚木市「コミュニティ・スクールの仕組み」をもとに作成

1）心理

❶ スクールカウンセラー（心の専門家としての見方を学校現場に届ける）

　スクールカウンセラーの業務については、「スクールカウンセラーの業務」（文部科学省平成19年5月）で基本方針が示されていますが、各スクールカウンセラーは雇用されている根拠となる法令や各地域における事業・予算などが異なり、職責に違いがあります。そのため、実際の業務内容をしっかり把握し、理解して取り組むことが大切です。

　例えば、採用される都道府県や行政機関によって、同じスクールカウンセラーでも、知能検査や発達検査を行うことができたりできなかったりします。児童生徒や保護者との面接の範囲についても、直接単独で行うことが可能か、遠隔で行うことは認められているか、面談申し込みのルートや学内での連携のあり方や、情報の管理の方法などについてもある程度決められています。

　スクールカウンセラーは教員とは異なる視点で児童生徒の姿をとらえて理解を深め、一定のルールのなかで他の職種と連携しながらイメージを共有し、児童生徒にとっての味方となる人々につなげて支援のためのチームを作っていくことが求められます。

　また、児童生徒だけではなく、保護者に対しては、育児相談や、生活面での困窮家庭には福祉に関する情報提供、発達に関しては医療や療育などの利用方法の情報提供なども考えられます。スクールカウンセラーには傾聴することはもちろんですが心理教育的アプローチやペアレントトレーニングのような行動論的アプローチなど、広い知識と多様なカウンセリング技術も求められます。

　スクールカウンセラーへの相談は、自ら養護教諭や副校長などを通して、相談予約を入れることが多く、学校によっては定期的にスクールカウンセラー便りが配られたり、学校便りに来訪日が記載されたりしていますので、必要な時の相談先として考えに入れておくとよいでしょう。

　学校で働く心理士が教員と連携するためには、積極的にコミュニケーションを取ることが求められます。忙しい業務の間を縫っての情報交換になるため、目的の共有、簡潔な情報提供が要求されます。交換される情報は、教員と心理士双方の気づきと、事実関係の確認、心理士が関わる目的や今後の見通しなど、次につながるものとします。心理士が学校内でうまく機能していくためには、教員のタイムマネージメントを意識して行動することが大切です。

　教員によっては、どのように心理士を活用すればいいかわからないようです。心理面発達面からの児童生徒の見方や、保護者対応のコツなど教員にとってもすぐに活用できる情報を伝えていきながら心理士の活用の仕方を知ってもらうとよいでしょう。業務内容によっては、知能検査の実施や保護者面談への同席を依頼するなど、さまざまな場面で連携することができます。心理士の側でも守秘義務の考え方や保護者や児童生徒との合意形成のあり方など連携業務によって依頼できることと、できないことがあり、常駐ではない場合が多いため、計画的に参観や面談の予約を入れておくことが必要です。

❷ 巡回相談員、巡回相談心理士、訪問相談心理士等
（特別支援が必要な児童生徒に対する具体的な支援や助言を行う専門家）

　訪問相談心理士、巡回相談員、巡回相談心理士等（以下「巡回相談心理士等」とする。呼称については9ページ参照）は、各学校を巡回しながら、教育上特別の支援を必要とする児童生徒に対する支援内容や方法等に関する支援・助言を教員に対して行う専門的知識を有する者を指します。

　「発達障害を含む障害のある幼児児童生徒に対する教育支援体制整備ガイドライン」（平成29年3月　文部科学省）によると、巡回相談心理士等は

①対象となる児童等や学校の教育的ニーズの把握と支援内容・方法に関する助言

②校内における教育支援体制づくりへの助言

③個別の教育支援計画等の作成への協力

④専門家チームと学校の連携の補助

⑤校内での実態把握の実施に関する助言　等

を行う役割を担います。また、求められる資質や技能は

①特別支援教育に関する知識や技能

②発達障害を含む障害に関する知識

③発達障害を含む障害のある児童等の理解と対応に関する知識

④児童等の実態の把握やアセスメントに関する知識や技能

⑤学校の組織や運営及び障害のある児童等への校内の教育支援体制についての知識

⑥コンサルテーションやコーチングなど教師への支援に関する知識と技能

⑦地域資源の状況を把握したり、地域の関連機関との連携を行うための知識や技能

⑧個人情報の取り扱いに関する知識　等

です。

　訪問時に外部の視点で学内の状況を見極めつつ、学校の役に立つためには、多職種と連携するためのさまざまな物事の捉え方やコミュニケー

ションを円滑に行うためのスキルが必要とされます。また、特別支援教育に関するリソースや発達特性に関する専門的な知識、見立てや助言などの技能、そして実現可能なよりよい校内体制づくりに寄与するという俯瞰的な見方や、多様な人とつながれるコミュニケーションの力も求められています。その他、巡回相談心理士等の仕事内容の詳細については第3章以降をご覧ください。

連携 の ポイント

　例えば東京都で全校配置されている特別支援教室巡回相談心理士の場合、1つの学校に1人の決まった心理士が年間40時間ほど訪問します。およそ月に1日4時間程度で、年間10日の訪問ということになります。決して多いとは言えない限られた訪問時間を有効に使うため、特別支援教育コーディネーターをはじめ、校内の「チーム学校」のメンバーは、事前に児童生徒の様子や教員からの相談内容を聞き取り、座席表や記録用紙、その他各種資料等を準備します。訪問時間を無駄にすることがないようにコーディネートし、表2のようにスケジュール表を作成して、学級担任にも巡回相談心理士の動きがわかりやすいように情報提供している学校が多いようです。

```
○○先生　巡回相談　時程
日時：○月○日（○曜日）　12：30 ～ 16：30

授業観察
12：30 ～ 13：20（給食、掃除）2 年 4 組
13：20 ～ 13：40（5 時間目）1 年生 全クラス
13：40 ～ 14：05（5 時間目）特別支援教室 A 児（4 年 3 組）B 児（6 年 3 組）
14：10 ～ 14：30（6 時間目）3 年 5 組
14：30 ～ 14：50（6 時間目）3 年 6 組
フィードバック（校長室）
14：55 ～ 15：25　　1 年生 全クラス
15：25 ～ 15：40　　3 年 5 組
15：40 ～ 16：00　　3 年 6 組
16：00 ～ 16：15　　4 年 3 組（A 児）6 年 3 組（B 児）
16：15 ～ 16：30　　2 年 4 組
```

表 2. 巡回相談時のスケジュール表の例

2）福祉

スクールソーシャルワーカー

（SSW：社会福祉などの専門的な知識や技術を用いて児童生徒を支援）

　スクールソーシャルワーカー（以降、SSW）は、いじめや不登校、暴力行為、児童虐待など、生徒指導上の課題に対応するため、社会福祉などの専門的な知識や技術を用いて児童生徒の置かれたさまざまな環境に働きかけて、

　①問題を抱える児童生徒が置かれた環境への働きかけ

　②関係機関などとのネットワークの構築、連携・調整

　③学校内におけるチーム体制の構築、支援

　④保護者、教職員等に対する支援・相談・情報提供

　⑤教職員などへの研修活動などの支援

を行う専門職です。

　児童相談所でフォローしてきた家族が急な引っ越しで支援が途切れた場合のつなぎ直しや、精神障害のある家族のサポートをしている児童生徒への支援など、事例は多岐にわたります。

　このように、さまざまな状況を整理して的確な対応につなげるため、学校がケース会議を開く際、関係者間で役割分担をしながら必要な支援につなげることで「チーム学校」を支援しています。

連携 のポイント

　現在、全国の学校でSSWの導入が進んでいますが、派遣型や拠点校型が主流です。学校に常駐しているわけではないので、その役割や活用方法の周知が追い付いていない現状もあります。まずは、SSWの役割や活用方法を知ることから連携が始まります。

　学校が適切にSSWを活用し協働して支援するためにガイドブックを作成して配布している自治体もあり、とても参考になります。例えば、埼玉県教育委員会が作成しているのが「スクールソーシャルワーカー活用ハンドブック」です。こちらは、埼玉県のホームページからダウンロード可能です。

　また、文部科学省が毎年出している「実践活動事例集」も参考になります。

3）保護者（学校や福祉・地域からの支えを必要としている）

　「さまざまな保護者がいる」、これは学校現場に関わるほとんどの人が感じているところではないでしょうか。それは私たち周りの社会に暮らす人々の生活においても感じるところと同じです。学齢期の子どもを育てているという縁で関わりを持つことになった学校と保護者という関係ですが、それぞれ生活の基盤も異なっていますし、子育てへの考え方も十人十色です。

　ましてや「我が子が学校の中でとても困っている」という場合において、子育ての過程ですでに気づき予測できていた保護者から、全く気づかずに過ごしていて突然告げられる場合まで状況もさまざまです。学級担任は保護者と関わる際に、保護者の生活や子育てへの考え、子どもへの期待や見通しの持ち方など、それぞれの家庭の姿を私たちが想像することで、コミュニケーションが円滑に進むよう配慮する必要があり、「チーム学校」は状況を常に共有する必要があると思われます。

　学校とのコミュニケーションを担うのは両親のどちらかであることが多いかと思われますが、子どもにとって、両親はもとより、祖父母や親戚はサポーターになることもあれば、理解が得られなければ、苦しめる存在になることもあります。子どもに何らかの子育て上の気配りが必要な家庭の場合、とかく子育ての負担が増えがちです。

　そのために、家族関係がぎくしゃくし、疲弊してしまう時期が続くこともあります。また、生活の基盤を整えることに多くのエネルギーが必要な場合も子育ては負担となりやすく、その負担感が家族関係にも影響します。

　家庭には、学校や福祉・地域からの支えが必要です。児童生徒の困難に対応するために保護者の協力が必要と思われる場合、家庭の状況に耳を傾け、保護者が必要としていることに気づき、チーム会議で支援先につないだり、それぞれの役割分担を見直したりする柔軟な考え方が必要となるかもしれません。

　そのために、「学校は〇〇するところ」「保護者は〇〇すべき」と狭く捉えることなく、それぞれに事情があることを想像して緩やかに助け合

い補い合える関係性が築けたときに、児童生徒の成長を共に喜び共に悩めるチームになれると考えます。

　文部科学省委託調査「令和２年度家庭教育の総合的推進に関する調査研究〜家庭教育支援の充実に向けた保護者の意識に関する実態把握調査〜」にも、子育ての悩みや実態、子育てを通じた地域とのつながり、家庭教育に関する保護者の意識を見ることができます。

　学級担任は、児童生徒の様子を常々気にかけていますから、保護者が子育てについて気軽に相談でき、具体的なアドバイスが欲しいという一定のニーズに応えることができますが、加えて保護者がどのような考え方をもち、どのような伝え方が適切なのか、学内で少し情報交換をしてから臨むと短い時間で信頼関係が構築できると思われます。

　生活が多様になればなるほど、家庭との連携を考える際に、家庭の実態把握から連携方法を柔軟に模索していくことが必要となってきます。そのためには「チーム学校」の複数の目で情報を確認し、保護者との協力関係を構築するための工夫を行うとよいでしょう。

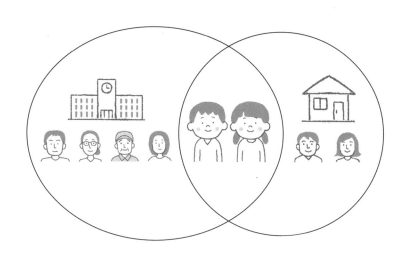

特別支援教室に配置された「専門員」が "つなぐ" 役割

第2章では、特別支援教育を推進している学校に所属する教職員それぞれの役割について紹介がありました。その中で、東京都では特別支援教室が導入され、「特別支援教室専門員(以下「専門員」)」という新しい役割のスタッフが配置されていることが紹介されています。このコラムでは、専門員の役割を実際の場面に即して具体例を交えながら紹介したいと思います。

特別支援教育においては "つなぐ" 役割がとても重要です。専門員は、特別支援教室で指導にあたる教員(巡回指導教員)と特別支援教室を利用する在籍学級の担任等とをつなぎ、対象児童生徒の特別支援教室の利用時間や在籍学級における巡回指導教員や臨床発達心理士の観察時間などを調整しています。

また、東京都教育委員会は「先生も!子供も!保護者も!みんなで楽しい学校づくり 特別支援教室の運営ガイドライン」(令和3年3月)で、「特別支援教室専門員は、巡回指導がない日には在籍学級を回り、対象児童・生徒の様子を記録し、巡回指導教員に報告する役割や、在籍学級担任等のほか、当該児童・生徒に関係する複数の教員との連絡調整を担う。このように、在籍学級担任等と巡回指導教員など関係教職員の連携における仲介役を果たすため、特別支援教室専門員は、関係教職員の打合せに同席し、常に共通理解を図っておくことが不可欠である。」と述べています。

では、専門員はこの「仲介役」をどのように果たしているのでしょうか。

巡回指導教員は、特別支援教室での指導後、その時間の指導内容や児童生徒の様子(成果・課題)を専門員に伝えます。

また、巡回相談心理士は、特別支援教室や在籍学級の授業を観察後、対象児童生徒の成長や課題等、そして支援を必要としている児童生徒についての所見を専門員に伝えます。

指導や観察にもとづく助言の事例をいくつかご紹介します。

「Aさんは、協働学習の時は自分の課題や役割を自覚して活動に参加できることが増えています。在籍学級でも協働学習を授業に取り入れてみたらどうでしょうか」(巡回指導教員)

「Bさんは、WISCの検査でもワーキングメモリーの弱さが見られるので、特別支援教室では話を聞くときにメモを取る練習をしています」(巡回指導教員)

「Cさんは視覚的な情報の処理が苦手なので、作業の手順を学習の前に確認してから始めるとよいと思います」(巡回相談心理士)

「Dさんは自分の中にあるルールへのこだわりが強く、いつもは書き順が示されている漢字プリントに、書き順が示されていなかったことで『書き順が書いてない』とつぶやき、その後は算数セットで遊んでいました。Dさんの学習上のこだわりをていねいに把握し、通例と変わったことがあるときは、そのことを事前に伝えるなど、指導面の配慮が必要だと思います」(巡回相談心理士)

このような助言は、対象児童生徒の理解

を深め、指導を改善するために重要なものです。しかしながら、学級担任が毎回、巡回指導教員や巡回相談心理士の助言を直接聞くことは難しいのが実情です。そこで、専門員がこれらの助言を記録し、担任等に報告をします。

　また、在籍学級の観察を通し、助言によって対象児童生徒に変容が見られたことなどを記録し、巡回指導教員や巡回相談心理士の訪問の時に報告もします。

　学校には、児童生徒に直接かかわりをもち、介助や支援を行うスタッフもいますが、巡回指導教員や巡回相談心理士と学級担任をつなぐ役割を担っている「専門員」は、特別支援教育の充実のために欠かせない重要な存在です。

重松清文（東京都特別支援教室巡回相談心理士、品川区保育課訪問相談心理士）

第 3 章

校外の専門家の役割

外部専門機関・専門職と連携するために ●
学校の先生たちへ

　地域に根ざした学校での児童生徒を中心とした学校生活において、共に歩む教員と、それを支える保護者が、どちらも孤立することなく必要な時に必要な支援を受けられることは、安心安全の学校生活を保障する上で有用です。外部専門機関や専門職は常に最新情報に目を配り、連携に必要な資質能力を身につけながら、積極的に専門的支援を行っていきましょう。

外部専門機関・専門職との連携の実際

1）医療機関・主治医

　主治医は、診断をし、状態に合わせ、必要な場合は投薬を行います。また、福祉的な手続きや教育現場で配慮要請の根拠となる資料を提供します。発達障害の診断をするのも医師であり、医療との連携は当事者である児童生徒だけでなく、その家族に対しても大変重要な意味をもちます。診断名だけを知りたい、投薬を考えたい、合理的配慮を要請したいなど目的があって受診するだけでなく、医療機関によっては継続的に相談できる場として考えることもできるでしょう。定期的な受診を経て子

どもの成長過程を把握しながら、そのときに合った適切な助言や連携を行うこともあります。

　子どもの成長のタイミングやスピードは一人ひとり違っていて、通院や療育を開始してすぐに結果が表れるとは限らないため、その時々に生じる当事者の不安や悩みは、継続的に受診する中で主治医に相談したり、助言を求めたりしながら解決していく必要があります。

　子どもを日々休みなく育てる保護者は、その時々で迷いが生じ、悩みを抱えます。ですから、保護者が心身ともに元気に、ゆとりをもって過ごすための相談先のひとつとして、医療機関も活用できます。つまり、いざというときに「助けて」と言える先の１つが医療機関なのです。

　近年、児童精神科の需要が高まっています。新規受診予約をするのに半年待ちという医療機関もあるほどで、支援を受けるために受診や診断を求めているケースが多くあります。児童生徒や保護者にとって、これからの教育や育児の一助となっていくことが期待されます。

　学校現場では、保護者や児童生徒の了解を得て、主治医に助言を仰いだり、助言を受けて支援の計画を立てたりします。また、学習性無力感に陥っているケースや集団のルールに合わせることが負担で動きづらくなっているケースなど、診断や服薬だけでは当事者の生きづらさの改善が難しいこともよくあります。そこで必要なことの１つに、児童生徒の実態に即した、計画的で継続的な日々の教育や療育があります。医療機関の中には、カウンセリングができるように心理職が常駐し、療育が受けられる施設を併設しているところがあります。また、施設はなくても、紹介が受けられることもあります。

　医療機関で受けるアセスメントには知能検査や発達検査、心理検査などがあります。知能検査や発達検査では、学習や生活場面での困難の原因となっている特性や、その児童生徒にとってわかりやすい学び方、得意な理解の仕方など、今後の支援につながる情報を得ることが可能です。結果が数値として表されますが、検査者は、数値だけではなく行動観察や対話からわかる情報についても記録しています。その児童生徒が持っている強み（ストレングス）を見出してどう生かすのか、必要な合

理的配慮は何であるか、と支援の方向性を考える際の材料の1つだと考えるとよいでしょう。

　検査者は、児童生徒や保護者への結果の説明や助言には細心の注意を払います。医師の診察の中で、数値や障害の名称が明らかになることで、保護者が安心して特性と向き合う覚悟を持つことができる場合もあれば、育児や将来への希望を見失う場合もあるからです。

　検査者は、検査結果の分析や所見を通し、「検査を受ける目的は、子どもの得意を見つけ、不得意を補うため」「子どもに合った指導方針を見つけていく手掛かりにする」といった願いを持ち、保護者に寄り添った説明ができるよう心がけています。

　図7は、当事者である児童向けに検査者が作成したもので、保護者はもちろん、学校にも共有されました。この児童は検査のフィードバックを通して、自身の得意不得意を理解し、その後少しずつ自分との付き合い方を見つけています。検査が有効に働いた一例と言えるでしょう。

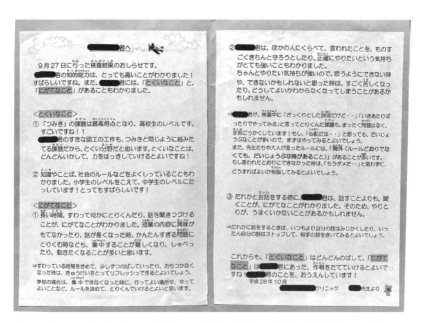

図7.　検査者の心理士がテストを受けた子どもに向けてわかりやすく書いた書面

連携 の ポイント

　保護者や児童生徒からの同意を得て、主治医の診断や所見を元に、有効な支援のために、園や学校で配慮するとよいことや、今後の方針を保育や教育に取り入れられることなどを共通理解することが可能です。保護者の話に耳を傾け、学校も協力していく姿勢を示しつつ、医療機関との連携の必要性を説明すると同意が得やすいでしょう。書面での質問や電話での問い合わせ、「チーム学校」の支援会議への出席など状況に応じて実現可能な連携方法を見つけていきます。

　保護者に適切な医療機関の情報提供を求められた時は、通院が可能な距離であることや、診断後も必要な支援を提供（紹介も含む）してくれる病院をいくつか提示できるとよいでしょう。初診までに時間がかかる場合が多いので、諦めずに現状をていねいに訴えることをお勧めします。また、診察の機会を有効に生かすために、学校での児童生徒の姿を書面にして保護者に持参してもらうことも学校現場ではよく行われています。入院施設のあるような大きな病院は、ほとんどの場合紹介状が必要です。

2）療育機関等
❶ 児童発達支援等（通所型の福祉サービス）

　児童発達支援とは、小学校就学前の６歳までの障害のある児童が通う障害児通所支援の１つです。児童の困難や苦労について理解し、よりよい支援を行うために、市区町村の「児童発達支援センター」（地域に

よって名称はさまざまです）では、児童の発達の悩みを相談することができます。また公的機関や民間には児童発達支援や放課後等デイサービスなど、福祉サービスの範囲内での多くの療育を提供する機関があります。利用目的に合わせて適切なサービスを受けるためには、個別に情報を収集する必要があります。

　地方自治体の障害福祉課等にて手続きを行い、福祉サービス利用のための証明書である「受給者証」を得て、利用したい施設を選択し、それぞれ個別に問い合わせをします。例えばある施設では、行動観察や発達検査、保護者も含めた面談を行い、児童生徒の発達や特性に合った子育ての方法や学び方を探っていきます。アセスメントに基づいて個別の教育支援計画を立てて指導を行います。

　他にも療育機関には、理学療法士や作業療法士、言語聴覚士や心理士が専門的な指導を提供するところから、集団活動の練習や個別の学習、運動を中心としたところや余暇・地域生活の経験を広げるなど、生活に根ざしたサポートを行うところなどがあります。

連携 の ポイント

　園や学校は、保護者や児童生徒の要請があれば、各療育機関にその療育の方針、具体的な指導方法などを問い合わせ、配慮するとよいことや、保育・教育で取り入れられることなどを共通理解しておくことが可能です。

　保護者を通じて情報交換する方法もありますし、直接連携することもできます。その場合、園や学校から問い合わせがある旨を事前に保護者から療育機関に伝えてもらう必要があります。書面での質問や電話での問い合わせ、「チーム学校」の支援会議への出席など、状況に応じて実現可能な連携方法を見つけていきます。環境が異なることで、同じ児童生徒が異なる姿を示していることがあるかもしれません。両方がその児童生徒の本当の姿であることを双方が理解し、可能性を広げていけるよう連携できるとよいでしょう。保護者が療育機関を選択することになるため、学校生活における児童生徒の様子や療育機関を利用する目的について共有することは、保護者にとっても助けとなります。

❷ 放課後等デイサービス（学齢児童生徒のための通所型の福祉サービス）

　放課後等デイサービスとは、小学生から高等学校卒業年度（18歳）までの障害のある児童生徒が利用できる通所型の福祉サービスです。サービス内容は事業所ごとに特色があります。言語療育や運動療育、音楽療育や学習支援、SST（ソーシャルスキルトレーニング）などの療育を中心に行う事業所、就労を見据えて実用的な能力を身に付けるための事業所、また特にプログラムを用意せず自由な雰囲気の中で自分らしく過ごせる居場所を提供することを目的とした事業所などもあります。

　放課後等デイサービスと聞くと、平日の日中というイメージですが、利用可能時間は施設ごとに決まっており、週末利用できる事業所もあります。サービスを受けるためには「利用計画」という書面が必要で、事業所もしくは本人、保護者が作成します。利用計画ができたら、自治体の障害福祉課で障害福祉サービス受給者証の申請手続きを進め、その後利用開始となります。

　利用料金は1回あたり数百円からで、利用日数や内容にもよりますが、所得に応じて負担額の上限が設定されているので、上限以上の負担はありません。

連携 の **ポイント**

放課後等デイサービスについては、事業所による支援の多種多様性については認めつつも、支援の基本的事項や職員の専門性の確保を定めるなど、支援の一定の質を保つために厚生労働省から「放課後等デイサービスガイドライン」（平成27年4月）が出ています。

ガイドラインには、学校との役割分担を明確にし、積極的に連携を図っていくことの必要性について明記されています。具体的には、送迎や下校時の連絡体制、学校行事などの情報共有にはじまり、保護者の同意を得た上で、同じ方針で連携していくために必要な情報提供を行うことなどです。

保護者には、実際に児童生徒がその場所を見学・体験した上で決めるなど当事者である児童生徒の意思の尊重が重要であることを伝えます。

放課後等デイサービスとは別に、地域によっては、学齢期の子どもたちがゆるやかな大人の見守りの中で仲間と過ごせる場所もあります。若者の居場所づくりの支援や地域における健全育成の視点から作られているいくつかの資源など、余暇活動も含めて、人生を楽しみ、社会人になるまで利用できる場所もあります。

3）センター的機能としての特別支援学校（地域の特別支援教育を推進、支援する）

特別支援学校は、地域の特別支援教育を推進するために、園や学校の要請に応じて、その専門性を生かして積極的に支援していくセンター的機能を担っています。

近隣エリアでネットワークを形成して、特別支援教育に関する地域の
ニーズに対応すべく、盲学校、ろう学校、特別支援学校等が連携してい
ます。支援の内容は、特別支援を必要とする児童生徒への指導や支援に
関する相談、教材教具などの紹介、研究会や研修への講師派遣、個別の
教育支援計画や個別の指導計画へのアドバイスなどです。今後、この役
割はさらに重要となってくると思われます。

　令和3年6月に「医療的ケア児及びその家族に対する支援に関する
法律」が成立し、国及び地方公共団体等は、医療的ケア児に対して教育
を行う体制の拡充等を図ることが求められています。これは、学校に在
籍する日常生活及び社会生活を営むために恒常的に医療的ケアを受ける
ことが必要不可欠である児童生徒等（以下「医療的ケア児」という）が
年々増加し、人工呼吸器による呼吸管理等を必要とする医療的ケア児が
学校に通うようになるなど、取り巻く環境の変化を受けたものとなって

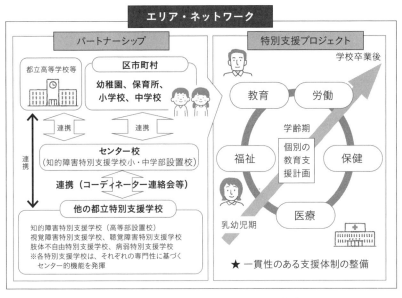

図8．エリア・ネットワークの概要（例）

東京都教育委員会「東京都特別支援教育推進計画　第二次実施計画〈概要〉」
平成19年11月　特別支援学校と区市町村の連携のイメージ図をもとに作成

います。

　その際、学級担任が担う役割としては、表情や声の状態、顔色などを観察し、苦しげな表情が見られたり、痰が絡んだような呼吸音が聞こえたりするなど、いつもの状態と違う場合、速やかに看護師等に連絡すること、正常時の状態をよく理解しておくこと、医療的ケア児の健康状態に応じて教育活動の調整や変更を行うことなどが必要であるとされています。学級担任がこのような現場の役割をよりよく果たすためには、特別支援学校のセンター的機能のバックアップも有効です。

　その他、障害のある児童生徒等の就学に関する相談・支援に際しては、「教育的ニーズ」を整理するための考え方や、就学先を選択する際に重視すべき事項等について、文部科学省より示された「障害のある子供の教育支援の手引～子供たち一人一人の教育的ニーズを踏まえた学びの充実に向けて～」（令和3年6月）を踏まえることとされています。

　このように学級集団への配慮や個別の対応、各種専門家との連携が必要なケースには、さまざまな留意点があり、地域の小中学校のみで対応するには負担が大きくなる可能性もあります。

　そのような場合にも特別支援学校の地域支援部によるセンター的機能との連携は有効と考えられます。

■連携のポイント

　学校と、センター校になる特別支援学校との連携においては、その学校の専門性に応じた相談をすることが大前提になります。

　また、特別支援学校のセンター的機能を担う地域支援部等に相談し、助言を求めることはできても、実際に生かしていくのは現場の教員です。その時のニーズにもよりますが、長期的な視点で考えれば単発の課題解決に終始せず、継続的な連携を通して、特別支援教育についての専門性のブラッシュアップに努めることも大切です。

4）地域にある教育センター、教育支援センター等
（各地域の教育相談窓口）

　児童生徒が学校生活に困難を感じている際、学内で担任やスクールカウンセラーに相談するのと同じように、各地域には教育センター・教育支援センター（適応指導教室）等の名称で、教育相談を行う役割があります。

　教育センターでは、児童生徒の困難の理由を本人や保護者から聞き取りながら、理学療法士・作業療法士・言語聴覚士・心理士など専門職が多角的な視点でアセスメントを行ったり、支援方針のアドバイスを行ったりします。知能検査を使って学校と連携する部門やスクールカウンセラーが所属し、各学校に派遣する仕組みがある部門、専門家チームなどを有し、学校への巡回相談を展開している部門もあります。

　他にも、教員の研修や地域の理科教育などで児童生徒の興味関心を啓発するような役割を担うなど、教育に関するさまざまな機能を持っています。

　教育支援センター（適応指導教室）とは主に、不登校の児童生徒への指導を行うために、教育委員会などが再登校に向けて支援することを目的としている施設です。カウンセリングの他、主に個別による教科指導や進路指導なども行います。目指すのは、児童生徒にとっての「社会参加」「社会的自立」であり、再登校だけが目的ではありません。そこで重要なのは、本人や保護者の願いを聞く在籍学校との連携です。私立の学校に通う児童生徒を受け入れる部門もあり、在籍校への登校の代わりになるように模索されてきています。

　令和元年の文部科学省の調査「教育支援センター（適応指導教室）に関する実態調査」によると、教育支援センターは全国の約63％の自治体でのみ設置されていて、すべての自治体に設置されているわけではないことがわかります。その理由として最も多かったのが、予算や場所の確保の難しさです。次いで、通所を希望する児童生徒が少ないと見込んでいることが挙げられています。しかしながら、通所を希望する児童生徒が1人でもいるのであれば、教育を受ける権利（憲法第26条）の保障という観点からもその不登校の児童生徒に無償の学習機会を確保するための支援や体制整備は、急務なのです。

例えば、東京都足立区の教育センターには再登校を目指す適応指導教室「チャレンジ学級」とは別に、不登校の中学生を対象とした「あすテップ」という教室もあります。学習したい気持ちがあり学校にも通いたいけれど、在籍学校に通うのが難しい不登校の中学生が対象で、必ずしも在籍校への再登校をゴールとはしていません。より学校生活に近いカリキュラムや給食などが用意され、生徒の特性に応じた教育がなされています。

　このように、自治体が福祉、心理、教育をつなぐシステムを構築したことで、複数の選択肢が用意でき、子どもの最適な学びについて教師や心理士などが相談に乗りながら子どもを中心とした決定ができるなど、きめ細やかな支援を行うことが可能になってきています。

　こういった教育支援センター等の一般的な利用の流れとしては、園や学校の教員が、支援が必要な児童生徒・保護者に対して、教育支援センターではどのような相談や支援が受けられるかを説明するところから始まることが多いでしょう。そのためには、学校の教員や支援に携わる人が地域にある相談機関や支援機関の活用方法を知っていることが前提となります。

　地域ごとの教育相談システムには、違いがあります。相談の申し込み窓口を具体的に知り、保護者と共有した上で、保護者から相談を申し込みますが、その後の連携も重要です。児童生徒と保護者の了承を得て、相談内容や検査の結果などの情報を共有したり、その後の支援について話し合う場を設けたりと、教育支援センター等と家庭、学校の三者がつながることを念頭におきます。

　この連携が上手く進むためには、工夫を必要とする場合も多くあります。

　例えば、保護者にとっては困り感が小さいものの、学校での不適応をきっかけに地域の相談機関等で相談を受けることになった場合、検査結果や助言等に保護者が戸惑ってしまい、連携がストップしてしまうことがあります。保護者の気持ちに寄り添いながら連携を進めるためには、児童生徒や保護者のことをよく知っている学校と、相談や検査などの支援を行う教育支援センター等の地域の相談機関、そして当事者である児童生徒や保護者が十分に話し合い、共通理解を深めていく長期的で切れ

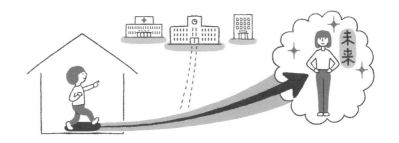

目のない支援が必要でしょう。こういった場合、まずは、関係者が互いの気持ちに気づいたり、意見に耳を傾けたりできる良好な関係を築いていくことからスタートします。

　不登校児童生徒への支援が目指すのは再登校だけでなく「社会的自立」です。令和元年10月に文部科学省から出された「不登校児童生徒への支援の在り方について（通知）」には、学校や教育委員会の取り組みや役割について記載されています。新たな支援を模索する際の指針となり、まだ試していない手立てや連携先の可能性が見つかるなど、不登校の児童生徒や保護者、支援する関係者の助けになると考えます。

　不登校児童生徒への支援に対する基本的な考え方を、「『学校に登校する』という結果のみを目標にするのではなく，児童生徒が自らの進路を主体的に捉えて，社会的に自立することを目指す必要があること。また，児童生徒によっては，不登校の時期が休養や自分を見つめ直す等の積極的な意味を持つことがある一方で，学業の遅れや進路選択上の不利益や社会的自立へのリスクが存在することに留意すること。」とまとめています。

　資料には、児童生徒一人ひとりの能力を伸ばしつつ、社会の中で自立して生きていけるようにするために、不登校の要因を的確に把握して学校、家庭、専門機関が連携することの重要性も示されています。その際、本人の希望を尊重したうえでNPOやフリースクールなどの民間施設との連携も視野に入れておくよう言及されています。地域にどのようなリソースがあるのかを知って、つなげていくことが求められているのです。近年では、遊び場の選択肢が増えて多様化し（例：埼玉県戸田市「戸田型

オルタナティブ・プラン」)、校内サポートルームにとどまらず、メタバース上での授業参加による教育保障も試みられるようになってきました。

　不登校の理由に応じた働きかけや関わりの重要性、家庭の状況を正確に把握した上で、必要であれば福祉や医療機関等とも連携するなど適切な支援や働きかけを行うこと、保護者が気軽に相談できる体制や信頼関係の構築が不可欠であるということ、その他、学校等の取り組みでは、組織的・計画的支援について、「児童生徒理解・支援シート」の活用により関係者間の情報共有だけでなく、進学や進級、転居で途切れることのない引き継ぎも求めています。

　また、地域にある教育行政機関を中核とした支援ネットワークの整備も大切です。例えば、教育委員会が中心となりネットワークを築いていく教育支援センターを中核とした支援ネットワークの整備については「教育委員会は，積極的に，福祉・保健・医療・労働部局等とのコーディネーターとしての役割を果たす必要があり，各学校が関係機関と連携しやすい体制を構築する必要があること。また，教育支援センター等が関係機関や民間施設等と連携し，不登校児童生徒やその保護者を支援するネットワークを整備することが必要であること。」という記載があります。

　不登校対策推進のために、令和5年3月31日に「誰一人取り残されない学びの保障に向けた不登校対策（COCOLO プラン）」を文部科学省がとりまとめ、全国の教育委員会に通知しました。

　①不登校の児童生徒全ての学びの場を確保し、学びたいと思ったときに学べる環境を整える

　②心の小さな SOS を見逃さず、「チーム学校」で支援する

　③学校の風土の「見える化」を通して、学校を「みんなが安心して学べる」場所にする

　上記の3つの視点から不登校で学びにアクセスすることができない子どもたちをゼロにすることを目指しています。

　①では、学校に登校できない児童生徒には、自宅や図書館、公民館、夜間中学などでの学習も成績に反映させることや、NPO、フリースクー

ルなどとの連携強化も望まれています。また、より柔軟なカリキュラム
や多様な学びを提供する不登校特例校設置の推進、登校しても教室に入
れない児童生徒が落ち着いて学べる居場所づくり、高等学校における中
途退学への対応にも言及しています。

②では、教職員とSC（スクールカウンセラー）、SSW（スクールソー
シャルワーカー）などとの多職種連携により、不登校になる前に児童生
徒の変化に気付き、早期支援を行うことや保護者への支援が提言されて
います。

③では、学校の風土の「見える化」を通じて、学校を「みんなが安心
して学べる」場所にする障害や国籍言語などの違いに関わらず、全ての
児童生徒が共に学校に安心して通えるためには、いじめ等の問題行動へ
の毅然とした対応や、児童生徒が主体的に参画できる校則改善、そし
て、誰もが登校したくなる温かみのある学校づくりが望まれることに触
れています。

また、児童生徒が地域の中で支えられ、学校以外の資源も含む学びの
場の中で尊重され成長していけるよう、「児童生徒理解・支援シート」
等を活用しながら途切れることなく引き継いでいくことも大切です。

連携 のポイント

　教育行政機関は、学校現場の教職員や保護者が必要な支援を利用できるよ
うに、福祉・保健・医療などの多様なリソースを開拓し、また情報も有してい
ます。助けが必要な時には躊躇せず、活用できそうな制度や人材がないか問い
合わせたり、要望を届けたりしながら連携を図っていくとよいでしょう。場合に
よっては福祉と教育の垣根によって、就学前の教育支援センター（こども発達
相談センター）等と教育支援センターが分断していることもあります。地域をよ
く知ることで、連携すべき先を適切に見つけることができるようになります。

不登校の子どもたちとの
出会い

　文部科学省が発表した「令和4年度 児童生徒の問題行動・不登校等生徒指導上の諸課題に関する調査結果の概要」（令和5年10月4日）は、小中学校における不登校の子どもたちの傾向について、次のように報告しています。

●小・中学校における不登校児童生徒数は299,048人（前年度244,940人）であり、前年度から54,108人（22.1%）増加。在籍児童生徒に占める不登校児童生徒の割合は3.2%（前年度2.6%）。

●過去5年間の傾向として、小学校・中学校ともに不登校児童生徒数及びその割合は増加している（小学校平成30年：0.7%→ 令和4年：1.7%、中学校 平成30年：3.7%→ 令和4年：6.0%）。

●不登校児童生徒の61.8%に当たる184,831人の児童生徒が、学校内外の機関等で相談・指導等を受けている。不登校児童生徒数は10年連続で増加、また、55.4%の不登校児童生徒が90日以上欠席している。

　この報告から、学校内外の相談・指導施設などでサポートを受けている子どもは184,831人、それ以外の114,217人の子どもたちは、行き場がなく孤立傾向にあることがわかります。
　また、子どもたちが学校に行けない状態が長期化していることにも注目しておきたいと思います。
　不登校児童生徒の実態は把握されていても、不登校解消の具体的な処方箋を出せていないのが現状です。不登校となる原因の多くは、児童生

徒の多様な体験に根ざしており、一般化しづらい面があります。

　私が都内の適応指導教室を訪ねたときに出会った中学3年生の生徒A
さんが、不登校になったきっかけを語ってくれました。

　「わたしは前の学校でいじめを受けていたので、今の学校に転校して
きました。安心を求めて転校してきた学校で、ある日、こんな場面に出
会いました。靴箱の高いところに置かれた自分の靴を必死に取ろうとし
ている、特別支援学級の子を見たのです。その傍で、通常の学級の子た
ちが囃し立てて笑っていました。それを見た瞬間、この学校も私を守っ
てくれないのではないかと思いました。その時の光景が心に焼き付き、
私は学校に行けなくなりました」

　適応指導教室に通っている児童生徒には、感受性が鋭敏で、傷つきや
すい HSC（Highly Sensitive Child）と言われるような子どもたちもい
ます。

　令和4年12月に、生徒指導に関する学校・教職員向けの基本書であ
る「生徒指導提要」が改訂されました。今回の改訂にあたっては、「い
じめ・自殺等」、最近の社会の変化に伴う子どもたちの命にかかわる
「憂慮すべき状況」を踏まえ、心理的な側面、教育的な側面、法的な側
面から綿密・具体的な分析が行われました。対処の仕方を含め、総数
293ページに及ぶ提言となっています。主に、いじめ・自殺等への対処
について書かれていますが、「不登校」の問題を考える上でも参考にで
きます。

　「生徒指導提要」では、共感的な人間関係の育成について、以下のよ
うに示されています。

Column

2

不登校の子どもたちとの出会い

　学級経営・ホームルーム経営（以下「学級・ホームルーム経営」とい
う。）の焦点は、教職員と児童生徒、児童生徒同士の選択できない出会
いから始まる生活集団を、どのようにして認め合い・励まし合い・支え
合える学習集団に変えていくのかということに置かれます。失敗を恐れ
ない、間違いやできないことを笑わない、むしろ、なぜそう思ったのか、
どうすればできるようになるのかを皆で考える支持的で創造的な学級・

ホームルームづくりが生徒指導の土台となります。そのためには、自他の個性を尊重し、相手の立場に立って考え、行動できる相互扶助的で共感的な人間関係をいかに早期に創りあげるかが重要となります。

私は、先ほどの生徒Aさんの不登校の背景を考えるたびに、この「生徒指導提要」を思い起こし、不登校児童生徒をつくりださない支持的・共感的な学級づくりがいかに大切であるかを確認しています。

また、教育委員会で仕事をしていたときに、不登校の生徒が在籍校に登校できるようになった事例にも遭遇しました。不登校だった生徒Bさんの登校のきっかけは、修学旅行でした。Bさんの通う学校では、修学旅行は班行動で実施されていました。訪問場所の相談をするために、同じ班の友達がBさん宅を訪ね、「修学旅行だけでも一緒に行こう」と声をかけ、翌日の登校時間に迎えに行きました。Bさんは「勉強は（遅れているので）嫌だけど、修学旅行の相談だけならいいか……」と思い、その友達と一緒に登校しました。そして修学旅行にも参加し、友達との日常を回復しました。修学旅行が終わってからも友達は登校時間に迎えに行くことを続けました。

不登校の児童生徒は、欠席期間に色々なものを失っています。学習の機会、友達関係、睡眠・起床の生活習慣……。それらを一気に取り戻すことは難しいことです。しかし、「学習の機会」を取り戻していくより、「友達関係」を回復することのほうが早いのではないかと考えます。Bさんの登校意欲を支えていくもの、それが「友達関係」であることは間違いないと思います。

修学旅行は、友達関係が主となる行事なので、「学校に行く」というハードルは普段よりも低くなります。そのような機会を活用して、Bさんへのかかわりをもとうと考えた学校もすばらしいと思います。そして、「ただ待っているだけでは、不登校の児童生徒の心を開くことはできない」と考えさせられました。児童生徒の心に寄り添った「登校刺激」は時に応じて必要なことなのです。

最後に、保育園から不登園傾向が続き、就学を迎えた児童Cさんを紹介します。Cさんが登園していた地区は、幼保小の連携に熱心に取り組んでいました。Cさんの就学を前に、保育園と就学先の小学校で「就学支援者会議」が持たれました。

　保育園の園長先生、小学校の校長先生を中心に保育園の巡回相談心理士、小学校の特別支援教育コーディネーターも参加して、就学支援のプログラムが作成されました。その会議で、当面は保護者同伴による登校を認め、授業への参加は、保護者と相談をしながら不安や緊張を軽減しつつ進めること、定期的に支援者会議を開き、保護者と学校が連携してCさんを支えていくことなどが話し合われました。

　幼稚園・保育園から小学校への就学をていねいにサポートすることは、入学後、不登校になってしまう児童生徒をつくり出さないためにも重要なことだと考えます。

　重松清文（東京都特別支援教室巡回相談心理士、品川区保育課訪問相談心理士）

５）児童相談所・家庭児童相談室等
（虐待かもと思ったら 189（いちはやく））

　全国の児童虐待の件数は増加の一途で、令和４年度の児童相談所による児童虐待相談対応件数は 21 万 9,170 件で、前年度より 5.5％増え、過去最多を更新しました。また、近年では実母による虐待が実父からの虐待を上回りました。相談の内容別件数は、心理的虐待が約６割と最も多く、虐待を受けた子どもの年齢構成は、小学生の被害が最も高くなっています。

　児童相談所は、児童生徒の健やかな成長を願って共に考え、問題を解決していく専門の相談機関です。虐待の相談以外にも児童生徒の福祉に関するさまざまな相談を受け付けています。

　例えば虐待についての通告や相談については、虐待を疑われる児童生徒や子育てに悩んでいる人を見つけた場合、保護者自身が子育てのつらさから児童生徒にきつく当たってしまうかもしれないと感じている場合などに相談できます。虐待は主に、

　①身体的虐待：殴る、蹴る、叩く、投げ落とす、激しく揺さぶる、やけどを負わせる、溺れさせる、首を絞める、縄などにより部屋に拘束する等

　②性的虐待：性的行為を強制することはもちろん、プライベートゾーンを見せることや触ったり触らせたりすること等、その状況の被写体にすることなども含む

　③ネグレクト：家に閉じ込める、食事を与えない、ひどく不潔な状態にする、車内への放置、病気にかかっても病院に連れて行かない等

　④心理的虐待：言葉による脅し、無視、きょうだい間での差別的扱い、児童生徒の目の前で家族に対して暴力をふるう等

　などがあり、令和元年より、電話番号「１８９」番は、通話料無料で、匿名でも通告・相談ができるようになりました。

■ 連携 の ポイント

　校内に虐待を疑う事例があった場合には、担任一人で判断するのではな

く、校内で対応することになります。緊急性が高いケースでは、児童相談所への通告が急がれます。まずは、普段から関わりのある教員や、地域の福祉支援に詳しいSSWが家庭訪問を行うなどして情報収集します。場合によっては児童相談所に通告して専門家の判断を仰ぐということが現場で求められます。

　最も避けなければならないのは、虐待を見逃したり見過ごしたりすることです。児童福祉法第25条には、「要保護児童を発見した者は、（略）通告しなければならない」と記されています。また、児童虐待防止法は平成16年の改正により「虐待を受けた児童」という表記から「虐待を受けたと思われる児童」という表記に変更されました。これは、虐待の事実が明らかでなくても、虐待があるかもしれないと推定された場合には、通告の義務が生じるということです。結果として、虐待がなかったとしても通告者が責任を問われることはありません。

　文部科学省「学校・教育委員会向け虐待対応の手引き」（令和2年度）を学内で共有し、例えば、

　●養護教諭は児童生徒に不自然なけがやあざ、心因的な体調不良がないかを注意深く観察する。

　●担任は児童生徒との話の中に、虐待を疑う内容がないか、日々の対話を設ける。

　●「チーム学校」として定期的な保護者との面談を行い、虐待につながることがないか確認する。

　……など、「誰が、いつ、どのように見守るのか」の役割分担をすることで、漫然と見守っていてSOSを見逃してしまうという過ちを防ぐことができます。

　しかし、支援を必要としているように見える保護者の中には、児童相談所を含めた外部からの介入を支援とはとらえず、拒むケースが見られる場合も多くあります。虐待している可能性が疑わしい保護者には相談したりすることなく、緊急性の判断は専門家に委ねることとなりますが、学校現場はそれで終わりにするのではなく、家庭の状況を把握した上で即した支援を提案し、保護者を支えていくことが必要です。

児童生徒の日頃の姿や表情、意欲や言葉など、ふとした瞬間に感じる違和感に目をつぶることなく、児童生徒の声に耳を傾け、保護者とも向き合うことは、伴う悲劇の予防にもなり、状況を改善する糸口になります。

6）その他

❶ 幼稚園・保育所・認定こども園等（子ども一人ひとりの特性に応じた支援）

　小学校入学前に、ほとんどの子どもが通っているのが幼稚園や保育所、認定こども園です（5歳児の未就園率は1.5%）。現場では、さまざまな発達段階の子どもたちが集団で活動していますが、一人ひとりの特性に応じた、きめ細やかな支援がなされていることに驚きます。

　小学校との違いはたくさんありますが、特性が強い子どもたちがその環境に適応しながら生活するという点で見てみると、園長を含め複数の教職員がさまざまな目で子どもたちを見守り、ちょっとした気づきも教職員間で伝え合う風土が園にはあります。

　また、休憩時間がきちんと取れている園ならば、気軽に相談ができたり、職場内でさまざまな支援方法を見聞きしたりできるので、教職員が悩みを一人で抱え込むことも少ないようです。

❷ 地域の中の「家庭」

　文部科学省から令和3年2月に出された「地域の実情に応じたアウトリーチ型支援の充実に向けて」という資料の中で、家庭教育の役割について、以下のような内容の記載があります。

○家庭教育（父母その他の保護者が子供に対して行う教育）は、<u>全ての教育の出発点</u>。
○以下のような資質・能力等を子供に育み、<u>子供の心身の調和のとれた発達を図る上で、重要な役割を担うもの</u>。
- 基本的な生活習慣・生活能力　• 人に対する信頼感　• 豊かな情操
- 他人に対する思いやり　• 善意の判断などの基本的倫理観
- 自立心や自制心　• 社会的なマナー　など

※「つながりが創る豊かな家庭教育〜親子が元気になる家庭教育支援を目指して〜」（平成24年3月　家庭教育支援の推進に関する検討委員会）より

　また、社会の変化に伴い、家庭環境も多様化しています。そのため、地域全体で家庭教育を支え、妊娠期から学齢期以降までの切れ目のない支援の実現のために、地域の実情に応じて保護者に寄り添い届けるアウトリーチ型の支援が不可欠であることも述べられています。

　このアウトリーチ型支援の事例を集めた「地域の実情に応じたアウトリーチ型家庭教育支援の取組事例について」（令和3年2月文部科学省総合教育政策局　地域学習推進課　家庭教育支援室）が、文部科学省のサイトに掲載されていますのでご参照ください。

連携 のポイント

　平成29年度告示の学習指導要領では、小学校1年生に対し、「スタートカリキュラム」を実施することが義務付けられました。これは、就学前施設における遊びや生活を通した学びと育ちを基礎とする幼児期の教育を引き継ぎながら、教科等の学習を中心とした小学校教育へと子どもの発達に応じてス

ムーズな移行をするためのカリキュラムです。このスタートカリキュラムが正しく理解され、確実に実施されると、発達に凸凹がある児童生徒たちをも緩やかに包括することができることでしょう。

　新1年生を迎える学級担任が必ず目を通す資料が、園から引き継ぐ指導要録です。就学支援シートや、年度末に行われる連絡会の記録も含め、確実に担任へ引き継がれることが大切です。これらの書類には、小学校での配慮事項が記されていることもあり、園では小学校へのスムーズな移行について熟考の末にまとめた資料です。残念ながら、小学校の金庫の中に大切に保管されたまま、十分に活用されていないこともあります。校内にある児童生徒の情報全てに関心を向け、積極的に手を取ることは、児童生徒の適応を支え、問題を未然に防ぎ、支援を考える際の助けになると思います。

　また、園の教職員は、子どもたちを小学校に送り出してからも長く気にかけているので、卒園後であっても問い合わせには快く応じてくれるでしょう。実際に、小学校に入って不適応が生じた際、園に相談してこれまでの対応を参考にしたことで問題が解決したというケースもあります。園は、児童理解を深める際の頼りになる連携先の1つです。

❸ こども家庭庁（こどもまんなか社会の実現に向けて一元化された組織）

　こども家庭庁は、令和4年6月に成立し、令和5年4月に施行された**「こども基本法」**において、政府全体のこども政策の基本的な方針（95ページの表3参照）等を定める「こども大綱」に基づき、政府全体の司令塔として子ども施策を推進していきます。

　「こども大綱」は、骨太の方針2023の「こどもまんなか社会」を実現するため、今後5年程度を見据えた中長期のこども政策に関する基本的な方針や重要事項を定めるものです。

　子どもは、乳幼児期から学童期・思春期・青年期における様々な学びや体験を通じて成長し、若者として社会生活を送るようになります。その成長の過程は、置かれた環境に大きく依存し状況によって様々であり、かつ乳幼児からの連続性を持ちます。またその発達の過程は個人差が大きいため、それぞれの子ども・若者の状況に応じて、必要な支援が

企画立案・総合調整部門
• 子ども政策に関連する大綱を作成・推進 • 個々の子どもや家庭状況、支援内容等のデータベース整備

成育部門
• 教育・保育内容の基準を文科省と共同で策定 • 「日本版 DBS」の導入を検討 • 「CDR ＝チャイルド・デス・レビュー」の検討

支援部門
• 虐待やいじめ対策 • 「ヤングケアラー」の支援 • 施設や里親のもとで育った若者らの支援

表3. こども家庭庁の基本方針

NHK 政治マガジン「『こども家庭庁』って何？　子どもの権利は？　財源は？」
2022 年 6 月 16 日　をもとに作成

義務教育段階や成人といった特定の年齢で途切れることなく行われることが重要です。若者が、円滑に社会生活を送ることができるようになるまでの一連の過程において、様々な分野の関係機関団体が有機的に連携し、適切な保健、医療、療育、福祉、教育、保育、子育て支援を切れ目なく提供することが必要とされています。

スムーズな就学に向けての取り組み

幼稚園や保育園の先生方の多くは、就学前の子どもたちの次のような行動に悩まれています。いくつか事例を紹介しましょう。

① 「ブロックあそび」が大好きなAさんは、集団の活動に関係なくあそびに熱中し注意をされると1人で別の部屋に行ってあそび続けます。

② Bさんは、シャツが濡れると大きな声で泣き出し着替えを求めます。

子どもたちの多様な特性を前に幼稚園や保育園の先生方は「どのように関わったらよいか」と日々悩まれているのです。

発達に特性のある子どもたちが児童発達支援センターで相談を受けたり療育に通ったりしている場合は、専門機関と情報を共有しながら日々の支援につなげている幼稚園や保育園もあります。

また、事業所によっては保育所等訪問という事業を行っており、子どもたちが通う所属機関での過ごし方にアドバイスする場合もあります。

しかし、情報の共有には保護者の承諾が前提なので、支援の情報が共有されないこともあります。そのような背景を受けて、最近、自治体によっては心理士などの専門家が幼稚園や保育園を訪問し園生活の実際場面の観察を通して先生方とカンファレンスを行うケースも増えています。

前に事例として紹介をした①のAさんの場合は、「ブロック遊びを続けたいときは許可をもらう練習の一環として、先生に相談をして『ブロック遊びパスポート』をもらうことにしたらどうですか」と心理士から助言があり、先生がAさんと活動の見通しを相談したところ、「行動の切り替え」が上手にできるようになったということでした。

また、②のBさんには、「着替えをロッカーに入れておき、もし濡れたらこの衣服に着替えるよう事前にお話をされたらいかがでしょう。感覚過敏によるものかもしれないと考えることが大切です」と助言がありました。そこで先生はBさんが登園をしたときに心理士からの助言を伝えたところ、それ以来Bさんは困ったときの対処方法がわかり安心したのかパニックになることはなくなったそうです。

このような園生活の現場で試みられている支援の実際が、大きな壁にぶつかるのは「小学校入学」という問題に直面したときです。

幼稚園や保育園では体験を重視した活動を通して、一日のリズムが緩やかに進行しています。

しかし、小学校は時間割で活動が区切られ、着席という姿勢の保持が基本となります。多様な特性のある子どもたちが学校生活に適応できるだろうかと先生方は悩みます。もちろん保護者も悩んでいます。

そのような不安を解消する就学前の活動と小学校入門期の活動・学習の隔たりをなくしていく**「スタートカリキュラム」**（93ページの連携のポイントを参照）の取組みが小学校教育において進められています。

同時に、子どもの発達特性による小学校入学の不安を解消していく取組みも進んでいます。その中核は就学前の支援の情報を小学校につなげる役割を果たしており、幼稚園や保育園の先生と保護者が同意をして作成された「就学支援シート」(自治体によって名称は変わります)に基づいた面談や、就学先の学校の先生と幼稚園・保育園の先生の「連絡会」などが行われ、就学前の支援が中断しないように「引き継ぎ」が行われます。

特に先の見通しがつかないと不安になるような児童が入学する場合は、入学式が行われる体育館を事前に見せて席を示し安心して式に臨めるように心の準備を助けるなど、ていねいな支援を行う学校も少なくありません。

このような取組みによって就学前の子どもたちは「安心できる幼稚園保育園」から「安心できる小学校」へ、「安心できる環境」が引き継がれていきます。そして、この「引き継ぎ」で重要なのは、子どもの特性の深い理解とそれにもとづく支援の有効性です。その役割を担うのは、就学前の幼稚園・保育園の実際場面で子どもを観察している心理士の所見であることは言うまでもありません。

重松清文(東京都特別支援教室巡回相談心理士、品川区保育課巡回相談心理士)

第 4 章

心理士のケース
フォーミュレーションを
知る

　学校には「学習機会と学力を保障する」役割だけでなく、「児童生徒
の発達・成長を保障し、人と安全・安心につながることができる**居場
所・セーフティネットとして身体的、精神的な健康を保障する**」福祉的
な役割もあります。その一翼を担う、学校現場で働く心理士のケース
フォーミュレーションを紹介します。

1. ケースフォーミュレーションとは

　ケースフォーミュレーションとは、児童生徒やとりまく人々の思考や
感情、行動や人間関係、環境などを総合的に評価して個別に最適な方向
性を考えるために行われるプロセスのことです。児童生徒や学校現場の
問題を理解するために、情報収集、分析、推理、仮説構築などを行い、
最後に方向性を見つけ出していきます。
　学校現場で働く心理士にとって、専門職として欠かせないスキルのひ
とつとされています。

2. 学校現場で働く心理士の役割

　学校現場で働く心理士、例えばスクールカウンセラー、巡回相談心理士等（以下「心理士」）は、支援が必要な児童生徒にとって学校が安心で安全な生活の場となるようサポートすることはもちろんですが、学校現場の教員をサポートする役割も担っています。変化の大きい時代の流れの中で学校の役割が過度に拡大していくとともに、教員はさまざまな課題への対応に追われています。教員が教育に携わる喜びを維持しながら、児童生徒と共に学校生活を積み重ねることができるよう、心理士は課題を共有し、教員を身近でサポートすることが求められます。

　通級による指導を受ける児童生徒の数は、平成 25（2013）年度には小学校で 70,924 人、中学校で 6,958 人、また、平成 30（2018）年度の高等学校では 508 人であったのに対し、令和元（2019）年度には小学校で116,633 人、中学校で 16,765 人、高等学校で 787 人となっており、計134,185 人。これが翌年の令和 2 年に 164,697 人と増加傾向にあります。文部科学省の「学校基本調査」及び「通級による指導実施状況調査」によると、それだけの児童生徒が特別支援につながっているという事実の裏には、教員とともに働いた多くの心理士の存在があることが想像されます。なぜならば、児童生徒の困難や保護者の思いを聞き、支援を受け入れていくことの意味を伝えたり、児童生徒への適切な支援の検討や保護者や教員同士との情報共有には、多くの人の目と手が欠かせないからです。

3. 学校現場で働く心理士のために

　学校現場で教員と協働して働く心理士には、高い専門性が求められます。それらは、児童生徒を中心とした総合的な心理的アセスメントの力、環境に合わせた柔軟な心理支援の実践、保護者と児童生徒や保護者と学校をつなぐ力、心の発達を踏まえた予防プログラムや成長促進的な

取り組みを推進する力、チーム学校の一員となりコミュニケーションが促進され学内で機能するよう働く力、自然災害や事件事故後の心理支援を円滑に進める力、地域関係機関との連携や協働を進める力など、場面や役割に応じ多岐にわたります。

　また同時に、いまの学校現場において求められる役割を理解して、場に合わせて動いたり、対応可能な範囲を探り、最も機能するように工夫して発信することが必要です。学校現場で即利用可能なアドバイスができるように知っておくべきいくつかの視点があります。

1）基本となる視点
● 生態学的見方・ICF（国際生活機能分類）にふれて

　学校が心理士に求める内容やニーズは、学校によって大きく異なります。地域の教育行政上の施策が先にあり、スクールカウンセラーや巡回相談のため心理士が来ることになったものの心理士と協働した経験がなく、どのように協働したらよいか困っている学校もあれば、学校の立場を代弁しつつ保護者に対応しにくいことを言ってほしい、というように心理士へのニーズが明確な学校もあります。それぞれの心理士が現場で仕事をする際の入り口は、この学校ごとの事情やニーズをつかむことです。しかし、「クラスで苦戦している子どもを見てどのように対応したらいいかアドバイスがほしい」などといったニーズが明確に示されていても、その奥にある本当のニーズは異なっている場合もあります。例えばそれらは、「教員が対応に困りはてて疲れきっているので支えになってほしい」「友達に手が出る子どもがいて、相手の子どもの保護者からクレームが入っていてすぐクレームに対し説明をする必要がある」「クラス全体が荒れていて、その原因を探り、何とかしたい」など、よく聞いてみると、今、学校が困っていてすぐ知りたいことは別にあったりするのです。示されたニーズや、そこに見え隠れする事情を取り扱う過程で、心理士のできることがもっとほかにも見つかる場合もあります。

　学校は、集団活動のなかでの継続した1年間の取り組みを児童生徒の成長につなげる場です。教員と児童生徒の関係性を安心安全に保つこと

は、学びの場を確保する上でとても大切で、個だけではなく関係性を見ることが重要となります。そのため、個人と環境との関わりの視点で見ていく生態学的見方が有用と考えられ、それがよりよい方向に展開しているかを評価するために、ICF（International Classification of Functioning, Disability and Health, 国際生活機能分類）を指標とすることができます。

　生態学的見方とは、図9のように、一人ひとりの行動を環境（担任や学級の雰囲気、授業内容や学校規模等）との関わりを含めて多面的に見ることです。例えば、「体育が好きではない」とされている児童が、休み時間には校庭で走り回っている、といったケースの場合、その休み時間の様子と、参加しようとしない体育の場面とを比較し、参加できそうな場面を探していきます。

　例えば、順に並んで一斉に「よ〜いどん」とタイミングを揃えて走る場面を示すと、「負けたくない」との思いから参加意欲が落ちる場合には、スタートとルートとゴールのみ決め、一斉スタートではなく並んだ児童生徒から、どんどん流していく走り方での活動方法を提案し、その児童生徒の参加意欲に変化が見られるかどうかを見ていきます。基本的には仮説をたてて対応しますが、参加意欲に変化が見られない時には本人のニーズとこちらの配慮がずれていると考え、新たな手立てで対応し

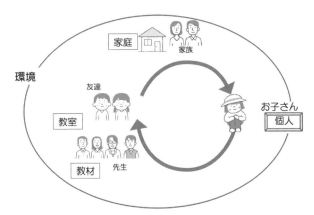

図9. 行動を「個人と環境（周りの人や物）との相互作用」として捉える

ていきます。活動の設定をかえることだけではなく、班のメンバーをかえる、教員の声かけのタイミングや内容をかえる、本人の近くで伝わりやすいように指示を出すなどの工夫が有効かもしれません。

　結果、「体育の授業が好きではない」児童に「体育の授業の中にも楽しめる時間がある」という状況を作れたら、それも役に立つアドバイスといえるでしょう。

　このような児童生徒が学校生活に参加できるようになるための工夫は他にもたくさんあり、参加しやすい場面を徐々に増やす、感覚過敏への対応を積極的に行い心的負担を軽減する、体力向上をうながす、授業にオンラインで参加しコミュニケーションへの負担を下げるなど、活動や参加の制限が改善されるように全体を見渡し、アプローチしていくとよいでしょう。

　かかわりの中でうまくいっている対応を見つけ、そこから情報を読み取ると次の支援に生かしやすいかもしれません。また、心理士は、その中でも特に本人にとって苦戦につながりやすい特性をふまえ、学校との間で通訳のような役割を果たしながらアドバイスをすることができます。ケースフォーミュレーションのプロセスを大切にしながら、毎日の学校生活に生かされる有効なアドバイスを行うためには、全体の方向性を意識しながら今すぐできることも提案するとよいでしょう。児童生徒の特性や考え方、行動パターンや興味のありかなどを見きわめつつ、今すぐできることが全体の方向性につながってくると、負担少なく成長していくことを後押しできます。

　また、ICFの考え方も情報を分析するために有効です。ICFとは、2001年5月に世界保健機関（WHO）総会で採択された「国際生活機能分類」です（図10参照）。生活機能の3レベルとされる「心身機能・身体構造」、「活動」、「参加」は、それぞれが単独に存在するのではなく、相互に影響を与え合い、また「健康状態」や「環境因子」、「個人因子」からも影響を受けることが示されています。ICFのモデル図ではほとんどすべての要素が双方向の矢印で結ばれていて、「すべてがすべて

健康状態
（変調または病気など）

生活機能

心身機能・身体構造 ⟷ 活動 ⟷ 参加
（心身の働き）　　（生活における実際の行為）　（学校生活への関与）

背景因子

環境因子　　　　　個人因子

図 10．ICF の構成要素間の相互作用

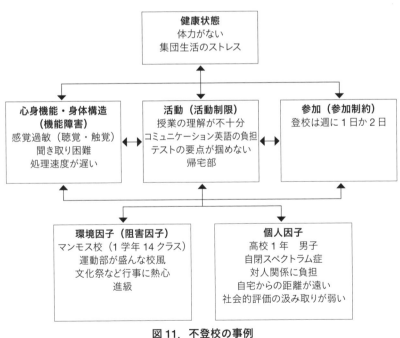

健康状態
体力がない
集団生活のストレス

心身機能・身体構造
（機能障害）
感覚過敏（聴覚・触覚）
聞き取り困難
処理速度が遅い

活動（活動制限）
授業の理解が不十分
コミュニケーション英語の負担
テストの要点が掴めない
帰宅部

参加（参加制約）
登校は週に 1 日か 2 日

環境因子（阻害因子）
マンモス校（1 学年 14 クラス）
運動部が盛んな校風
文化祭など行事に熱心
進級

個人因子
高校 1 年　男子
自閉スペクトラム症
対人関係に負担
自宅からの距離が遠い
社会的評価の汲み取りが弱い

図 11．不登校の事例

と影響しあう」相互作用モデルであるとわかります。

　例えば、登校状態が不安定な生徒の場合、103ページの図11のように状況を整理できます。その上で、活動の制限が少しでも減っていくように環境要因を調整し、個人因子にアプローチしながら、負担が大きすぎないように少しずつ対応していきます。

　この事例においては、

①具体的には、登校している1日を大切にして、会える人とできる方法でやりとりを確保し、困っていることを知り、負担を減らすサポートを行う（授業の動画をオンラインに載せる、登校したタイミングでプリント類を持ち帰る、実技のテストを登校のタイミングに合わせる等）。

②今できること、わかることを確認して、見通しを共有する（欠席の数、試験の範囲など）。

③無理の少ない授業を選択させることで参加を支える（座学のみの参加、特別活動をレポートに替える等）。

　などの対応を重ね、進級の判断や転学も視野に入れ、「相談できる関係」を構築していきました。

２）客観的評価や調査の理解と共有

　児童生徒本人や取りまく学級集団の困難に対する心理的支援を提供し、学校のニーズに応えるために、心理士は学校にすでにある客観的評価（公式な評価）や調査についての資料の内容を理解しておく必要があります。さらに、地域で取り組む学校評価や学級評価の情報、学力や体力についての調査、教育相談や就学相談等で参考とされる個別の情報なども参考にできると、より学校を知り、また、児童生徒の生活や発達段階についても把握することができます。

　例えば、学級集団の状態、それぞれの児童生徒の意欲や満足感について把握する心理テストに『Q-U 楽しい学校生活を送るためのアンケート』があります。児童生徒一人ひとりについての理解と対応方法、学級集団の状態と今後の学級経営の方針を把握することができます。

また、「WISC-Ⅴ」という、児童生徒個人の知能検査のデータを目にすることもあるかもしれません。病院や教育支援センター等の心理士によって報告されたものが多く、全体的な知能指数（FSIQ）や５つの主要指標「言語理解」「視空間」「流動性推理」「ワーキングメモリー」「処理速度」から児童生徒のつまずきについての原因の一部をつかむことができます。その他、「KABC-Ⅱ」という検査もあります。これは、継次、同時、計画、学習など、さまざまな精神機能を評価するために使われます。児童生徒の能力水準と学び方を理解し、苦手分野が特定できるため、本人にとって有効な学習方法をすすめるための、アプローチの工夫が可能になります。

　また、日本版「Vineland-Ⅱ適応行動尺度」という心理検査では、今、生活の中で実際に行っている行動を評価していくため、適応行動の発達水準を知ることができます。対人関係や社会性行動上の問題など、日常生活におけるそれぞれの年齢や環境に応じた困難さをつかみ、支援

学校内にある情報など	参考となる主な内容
就学支援ファイル 他種引き継ぎ資料	就学前の所属機関での姿や療育、教育相談センターからの引き継ぎ事項や家庭での姿
幼稚園保育所指導要録	幼稚園や保育園での取り組み
就学時健康診断　資料	初めての環境への適応や発達水準（学習面・行動面）
個別の教育支援計画	校内で必要とされる支援
教育指導計画（教育過程）	通級指導教室等の利用目的
個別の指導計画	指導に関するPDCAをふまえた効果
保健相談	医療に関する状況の聞き取り
学力実態調査	学力の状況
校内委員会資料	過去の特別支援に関する経緯
各種検査結果	知能検査、読み書きに関すること、意欲や行動に関することなど
児童生徒体力テスト	体力、持続力、基礎的・基本的な身体の使い方の取り組み

表4. 特別支援に関わる児童生徒についての情報を得ることのできる文書（例）

に生かすことができます。データの数値や報告書の所見を、学校について心理学的知見を有している心理士が読み解き、アドバイスにつなげることが大切です。

このように、さまざまな客観的評価は、児童生徒の理解や現状の把握に有効ですが、学校現場ではそれぞれの目的や校務分掌によって各資料は別々に保管され、それぞれに担当する教員がいます（105ページの表4参照）。そして心理士が学校に滞在できる時間は短く、関わる教員も限られていることがほとんどです。よって心理士は学校との関係を構築しながら、学校のニーズに応えるため、学校のもつ資料の有用性について伝えながら、それらの情報にふれる機会が与えられるように働きかけることが大事です。

「目の前にある資料をていねいに見て情報をとらえ推察する」ことから、心理士に情報を提供することの有用性について学校側に体感してもらうとよいでしょう。また同時に「児童生徒の理解に情報や資料は有効である」と伝えていくことにも粘り強く取り組んでいく姿勢が、学校現場の特別支援教育への理解を深めていくことにもつながります。

3）学校・学級・児童生徒の見取り

心理士は、教員と異なり、児童生徒の学校生活の様子を点（その場その時の様子）でしか見ることができないので、その中に見える課題を見取るために、校内で動きながら主観的評価（非公式な評価）を集めていきます。本来、心理士としてはまず何よりもニーズのある関係者や対象者に「話を聞く」ことから始めたいところですが、聞く時間というのは限られていることが多く、カンファレンス（協議）の中で、はじめて「話を聞きながら伝える」ことになる場合も多くあります。もしそうであったとしても有効なアドバイスを行うためには、事前に広く状況を把握しつつ、自ら課題に気づいていくことが大切です。

学校全体を、学級全体を、そして児童生徒を見て感じとっていく、すべての視点が重要です。

学校全体の見取りでは、玄関周辺・廊下や手洗い場等の整備の具合、

保健室周りや掲示物、相談室の場所や用務主事を含むさまざまな大人の気の配り方の様子など、学校全体を取り巻く物や人の様子を見ながら学校の雰囲気をつかんでいきます。

　特別支援の体制や校内委員会の構成メンバーなど、それぞれの教員の役割も把握する必要があります。日程調整の窓口は誰か、訪問の際に案内される場所はどこなのか、相談内容は準備されているか、業務についての説明はあるか、などといった事前情報は、「チーム学校」におけるキーパーソンを知る参考となります。

　また、カンファレンスの持ち方や参加の様子などからも、学年の教員集団の協働のタイプや意欲、多職種との連携がしやすい環境かどうかなど学校の見取りにつながる多くの情報を得ることができます。

　これらの情報は、学校の見取りシート（108ページ参照）に反映させて、都度ふり返り、修正していきながら学校全体の現在と変化を残していきます。

　学級の見取りでは、多くの場合、授業を受ける児童生徒の様子を観察します。馴染みのない人物が教室に入ってきたときの反応や、その反応の伝わり方などで学級の雰囲気を感じ、児童生徒それぞれの社会性の発達段階を知ることもできます。

　他の教室への移動の時間や給食の準備の様子、下駄箱や階段など大人の目が届かない場所での様子、専科など担任以外の授業での様子など、学級の児童生徒の姿をいくつかの異なる場面でも見られるようにできると情報が増えてきます。

　また、児童生徒同士の関わりや学級で交わされる言葉、困ったことがあった時の対処の様子など、何気ない児童生徒の姿からも「学級の雰囲気」を知ることができます。室内整備や児童生徒の作品の掲示の様子からも、学級に対する担任の願いを、特別支援に有用とされる一般的なツールの利用や黒板の使い方などから、特別支援への配慮の有無を見取ることも可能です。

　これらの情報は、学級の見取りシート（109ページ参照）に反映させて、気になった点なども含め、残していきます。

学校の見取りシート（例）

XXXX 年度　　　○○小学校　連絡窓口：特別支援教育コーディネーター2名どちらか
担任外でかかわる教員　校長　特別支援教育コーディネーターのうち1名 在校中の状況：校長室へ挨拶に行くと、相談室のカギを渡され出入り自由 参観対象時の案内は特別支援教育コーディネーター、対象児については校長から事前の説明や資料提供あり

1)事前情報 担任の記録あり。過去の記録（個別の教育支援計画や知能検査のデータ等）を見せてもらうが、教育支援センターによる「巡回相談のためのチェックシート（指定された様式）」は間に合わない。
2)玄関や校庭　児童の登校状況：学校の門が3つある。門と門の間は距離あり。 朝は校門の前で校長先生が児童の登校を迎え、送ってくる保護者にも声をかけたり子どもたちとジャンケンをしたりする様子が見られる。 訪問の業者やさまざまな来校者には事務の方がすぐに声をかけ、車や受付に対応していた。 下駄箱は子どもが体育等で入れ替わるときは人があふれる。
3)学校のルール：環境面等：校舎は3階建てに1年生から6年生までの教室からあるシンプルなもの 廊下には右側通行を示す矢印の掲示があり、階段にも中央線と矢印が引かれているが、休み時間は走っていく児童も多く、人を避けながら動く必要がある。適時、先生が注意している。 階段には英語の単語が1段ずつに貼ってある。興味のある子であれば自然に目に入るような工夫が見られた。
4)巡回相談についての校内周知 事務の方、途中で道を尋ねた先生などに巡回相談心理士が来校していることを知っている様子あり。目的の事前打ち合わせは校長から軽く、動き方についてはスケジュールの用紙が渡され、それに従って自由に動く形。状況に応じて関わっている大人から声をかけられ、観察対象の児童についての情報が入ってくる。
5)資料提供について学校の特色や特徴 巡回相談に対して、提供すると有効だろうと思われる情報を校内で共有している様子があまり見られない。そのため、いろいろな人がいろいろな情報を提供してくれる。情報の重要性や意味をつなぎ合わせる必要がある。「巡回相談のためのチェックシート」がコミュニケーションツールであるとお伝えした方がよいか？
6)カンファレンスの状況：参加は主に、担任、コーディネーター、校長 相談室で約45分間、担任が抜けられる授業の間で行われることが多い。教育支援センターにフィードバックの報告書が必要であるが、誰も記録をとっている様子は無い。 担任よりも校長先生がメインでお話しされるときもあり、担任のニーズをお聞きするためにはカンファレンスの構造的な工夫が必要。
Memo

○○小学校　2年X組　学級の見取りシート（例）

1)室内整備

掲示物は多いが、席の後ろの壁や黒板に集中している。前の壁は黒板のみ。左斜め前の大きな画面ボード（子どもも記入できる）に今日の時間割が書いてある。

右壁に子どもたちの作品。ちがうものが重なっていて、ごちゃっとするところあり。

左面は水稲のかごや、連絡帳をまとめて入れているかご。ランドセルのロッカーが集中。基本的に同じ向きでの収納だが、2、3人が逆向きになっていて、ロッカーの前に落ちている袋などが多い。児童がゴミを拾う様子は無い。

2)掲示

掃除の当番表は子どもの下の名前をマグネットに書き、移動させて示している。学年だより等の紙類は透明なパッケージに入れて掲示されている。

児童ごとの透明ケースは後方に掲示、7月に訪問したがその時点で2枚（1学期の目標と観察日記1枚）のみ

3)すべての子どもにわかりやすい(ユニバーサルな)環境設定への配慮

30人程度のクラス。教室は狭く、感染症対策で一列ずつ独立のため、若干、机間指導しにくい幅。授業中、机の向きを変え、班になってまた戻る等の動きあり。この時、机を動かしきれない班もある。そこは児童が立って行って集まって話し合いをしていた。

机を戻した際、印が無いために、列が崩れている。

4)どの子どもも安心できるクラスづくり⇒わかりやすいルール・困ったときの相談マニュアル・ガイドライン作り⇒見える化

板書を写し終わった児童は鉛筆を頭の上にアンテナのように立てるといった、一目でだれがまだ書き終わってないかがわかるルール。書き終わっていない子に先生が声をかけてクラスメイトからも応援する声かけ。その児童が次に早く終わると、すかさず先生が声をかけてフォロー。注意が途切れないようにするためなのか、まめにコミュニケーションをとる。

授業の最初に、その前の体育で本児が徒競走の列に並べたことを取り上げ、皆でいいね！のサイン（親指を立てたグーの手）を本児に送る。生徒と先生の行動に統一感あり。

ただし、「いいね」のサインはその場面でのみ。この日には他に見られていない。困っていることが明らかな児童に限っての特別な対応か。

5)児童生徒の雰囲気

巡回相談員がいても、目線は送るが話しかけてくることはない。授業が本格的に始まるとそちらにすぐに集中する。

6)人的資源の活用：保護者・児童生徒のチームワーク

特別支援配慮児（この自治体独自の名称）がクラスに2名いるため学級支援サポーター（この自治体独自の役割）が時々クラスを見にくる。

7)留意点

児童生徒用　児童生徒の見取りシート（例）

1)巡回相談の目的
2)学校からの要望
3)児童生徒本人の困難さの現状 □ 言葉で発信できる　　□ 行動に見られる　　□ 行動からこちらが予測できる

	感覚の課題：視覚・聴覚・嗅覚・触覚・姿勢変換その他
運動	運動：大きな動き 好き嫌い・苦手・不器用・状況判断・道具の使用等
	運動：小さな動き 発音・視野の狭さ・目の動き・書き写し・図工や家庭科など・給食の様子等
生活	学校生活スキル 物の管理・提出物・忘れ物・時間意識・情報収集能力・援助要請
基礎的情報処理	学習：読み・書き・言葉　　聞く→話す　読む→書く
	学習：数処理・数概念等
行動特徴	□ イメージする・推論する □ 不注意／多動性─衝動性 □ 対人興味／対人スキル □ 活動の切り替え／変化への適応 □ 思い込み・援助への反応 □ 集団への参加の負担
	その他(クラスの雰囲気の影響・担任との関係・家庭のこと・特別支援に関わることなど)

授業	授業への参加状況と理解
	学習用具の扱い ・机上の整理 ・ロッカーの使い方
	学習用具の活用 ・ノートや連絡帳の記入 ・ICT 機器の使用
	意欲の持続 ・注意の外れるタイミングや内容 ・興味関心の寄せ方
掲示・その他	家庭の姿など ・筆箱の中身・上履きや袋類の特徴（名前の付け方や物のメンテナンスに向けた意識） ・外遊びの靴のサイズや状態等
	観察日記など ・構図や形の取り方（絵／文字）・持続力 ・書く力（促音拗音等・語彙・感情の言葉・興味のよせ方や気づきの特徴）・音韻の課題や書きの困難さ ・生活の様子
	習字など ・（レイアウトや文字同士の向き形などに）全体を見通すちから ・（書き始めの筆の置き方や名前などに）位置の判断などの計画性 ・（文字や余白の汚れや皺などに）協調動作や力のコントロール ・（何枚かの経験の積み重ねによる）学習能力や日によってのムラ ・（掲示する際の貼り方に）学習に必要なスキルや他者意識や模倣
	身体の絵や塗り絵からなど ・「図と地」の捉え・注意の向きやすい絵の部分・こだわりや無頓着さ ・身体図式のとらえ・色の選択や構図の大きさ・自分と他者の区別・物の捉えの正確性

身体の絵の例

顔の表現
手の形に動きあり
背の高さが表現されている

〔7歳〕

ぬりのエネルギー
目に瞳が入る
ものと人の奥行きが理解できている

〔6歳〕

自分が大きく描かれ友達より
パーツがそろっている
指5本あり　首あり
顔のパーツがそろっている

〔5歳〕

安部博志『子どもの発達を支えるアセスメントツール』合同出版、2019年より一部転載

児童生徒の見取り（110ページ参照）では、まず、授業への参加状況や学習用具の扱い方や机上の整理、ノートの取り方やロッカーの使い方など、見て分かる状況から把握します。さらに、意欲の持続や注意集中の配分、気持ちの切り替えの様子、興味関心の寄せ方や注意の外れるタイミングや内容など、与えられた時間の中で観察します。低学年の場合には、筆箱の中身・上履きや袋類の特徴（名前の付け方や物のメンテナンスに向けた意識）・外遊びの靴のサイズや状態等、家庭の姿を想像する情報についても情報収集しておくと参考になります。

　また、掲示物からも情報を得ることが可能です。観察記録や観察日記には、構図や形の取り方、感覚面のとらえ、集中の持続、作文には、学力や音韻の課題、書きの困難さ、「習字」には、全体の見通しや位置の判断などの計画性、文字や余白の汚れや皺などから、協調動作や力のコントロールを見ることができます。

　何枚か観察日記があれば、経験の積み重ねによる学習能力や日によっての感情や集中力のムラなども見られます。身体の絵や塗り絵からは、エネルギーや器用さ、「図と地」のとらえ方、注意の向きやすい絵の部分、こだわりや無頓着さ、想像し表現する力や、身体図式のとらえ方などを見ることが可能です。

「観察日記」

一番下のイラストは「見て、さわって、においをかいで、聞いて、食べてみて」を表している。どの五感を使用したか○をつける。（「食べてみて」は事前に食べることができないことを伝えて×をつけている）。

これらの情報は、一つひとつに客観的で科学的な根拠があるものとそうでないものがありますが、積み重ねることで児童生徒のとらえの仮説に生かすことができます。

　学期の目標が掲示してある場合には、児童生徒の願いや学校生活への意欲、学級や家庭で期待されていることなどを確認することができます。高学年になってくると「生活」の欄に記入されている内容からは、「塾で一番上のクラスになる」等、学校の生活とかけ離れた目標を書いてしまうなどから意味理解の様子がわかります。

　日々を共有している担任や保護者と異なり、心理士は毎日の流れの中で児童生徒の姿を追うことができない立場です。観察に充てられた場面によっても、児童生徒の異なる姿を見ることとなります。座学や話し合い、テストや実験、休み時間に掃除の時間等、児童生徒がもっとも困っている場面が見られるかどうかはわかりません。それでも、観察による情報の収集と分析をもとに児童生徒の日常を推測し、いくつかの仮説をたてカンファレンスに臨むこととなります。

4）学校以外の場面での児童生徒の様子を想像し仮説に生かす

　学校や学童での様子と家庭での様子が、大きく異なる児童生徒がいます。また、行動面の課題（落ち着きがない、忘れ物が多い、日によって気分のムラが大きい、友達とのトラブルが絶えない等）が場面によって大きく違いがある場合があります。例えば、昨年の姿と今年の姿が大きく異なるなど、行動面の課題を示しているのもその児童生徒の本当の姿ではありますし、行動をコントロールできている場面があることも事実です。

　しかしながら、このような児童生徒は、行動の課題をコントロールするためにかなりの労力を要しているかもしれません。児童生徒の成長は一足とびには進みません。成長に伴い、変化していきます。活動のルールが理解でき授業に参加しやすいと意欲が上がり、参加できる活動が多くなってくると行動の課題が一時的に見えにくくなることもあります。学級の中で居場所ができると、ほっとして落ち着くこともあるでしょう。しかし、周りに目が向くと、次の段階として自分へのハードルが上

がり、がんばりきれなくなることもあります。「やることができているから大丈夫」とは限りません。児童生徒の成長に伴う心の動きに寄り添い、環境調整のアドバイスを行いながらも一歩先の、予防的対応のアドバイスをすることも現場の役に立つでしょう。

　児童生徒の動機付けの特徴を把握することは、児童生徒の個別の教育支援計画を立てるためにとても重要です。異なったいくつかの場面の共通性を探ることが有用であるため、学校以外の場面（学童や塾、好きな習い事など）での行動の情報も得ると、より正確な仮説に辿り着くことができると思われます。

　また、児童生徒の行動面の特性を把握するためには、家庭での育ちや過去の集団での経験等、環境の影響も含め、広く情報を集めていくことも必要です。習字や図工など、複数の材料や道具を同時に使用するような手順のある活動における動き方は、お風呂に入ったり自分の部屋を片付けたりといった生活における児童生徒の様子を想像する情報となります。廊下に掛けてある音楽のための袋やランドセル・学帽など、長く使用する物の扱いには、家庭におけるものの扱い方の一部が垣間見えます。持たせている筆箱などの持ち物や上履きの名前の付け方にも保護者の学校生活への援助意識の度合が確認できます。

　友達との関わりの中で無意識に示す対人意識や言動に表れるサインも

拾っていくようにします。一つの情報で仮説につなげることは適切ではありません。非公式な情報は、いくつもの細かい情報を集めることによって、そこから見えてくる児童生徒や家庭のイメージを作る助けとなるものです。

　仮説を裏切る情報を常に重要ととらえ、情報への感度を上げていくことでより多くの仮説に出会うことができ、それがよりよいカンファレンスの準備となります。

　児童生徒の学校生活の中で、様々な支援を提供するために保護者の理解を必要とすることがあります。保護者の子ども理解の現場や学校に対する願いについても仮説を持つことができると、協力関係を構築しやすいと思われます。児童生徒の姿から家庭の様子を見取り、イメージを持つのはそのためです。

　また、就学支援シートや個別の教育支援計画・個別の指導計画・個別移行支援計画のような過去の所属機関・療育機関・相談機関等での情報がある場合、情報の受け渡しの際に保護者と面談を重ねている可能性もあり、過去の「保護者の願い」の聞き取りが記されているかもしれません。また、今までの学級担任がまだ学内にいる場合には、保護者自身の子育てに関わる不安などを把握されているかもしれません。

　「チーム学校」として児童生徒の学校生活を支援しようとする場合、個人情報には配慮をした上で、それらの情報を収集し、つなげ、児童生徒の今の行動面の課題への対応に生かしていくことが大切です。保護者側からのニーズがあれば、保護者も「チーム学校」の一員として、児童生徒への支援者として協働していくことも可能です。

5）カンファレンス（協議）の準備

　心理士は、心の問題に取り組む専門家としての知識を活用し、困難を抱えている児童生徒に向き合うことと同時に、人と人をつなぐ力が求められます。児童生徒と教員、教員同士、保護者と教員、教員と管理職、児童生徒と保護者、とつなぐ関係はさまざまです。児童生徒自身の様子を見立てていきながら、環境の見取りも進めていきますが、カンファレ

ンスでは、課題達成がうまくいっている点を足がかりに支援を進めていくこととなります。

　事前に得たさまざまな情報から仮説を立てて、支援のメインの方向性を考えながらも、実際に対応するのは学級担任が中心となるため、この学級でこの担任が明日から取り組むとしたら、という条件の下での「はじめの一歩」をどこに置くのかについて話し合います。

　例えば、学級での行動面の改善を狙いとする場合には、
①担任と児童生徒の間でうまくいっている点
②担任から児童生徒に伝わりにくい点
③児童生徒のよい行動でも担任には見えていない点
④よい行動だが双方にとってあまり意義を感じていない点

などに分けて、具体的な情報をいくつか用意しておきます。担任以外の大人や友人との関係で見える行動についても同じように整理しておくとよいでしょう。情報を整理しておくことで、カンファレンスで①うまくいっている点を意識してもらい、③児童生徒のよい行動にも気づいてもらいながら、④意味を感じていなかった行動に意味をつけることでいよいよ②ターゲットとなる行動に手をつける、という話の組み立てで話を進めていくと、「アドバイスに具体性があり、実行できる気がしてきました」と希望を見出してもらえるかもしれません。カンファレンスの段階で担任から、明日からの児童生徒との関わりをイメージした質問が多く出てくるなら、うまく進む兆しといえます。支援の方法について、うまくいかなかった時の対応についても事前にいくつか対応策を用意しておけると、担任が落ち着いて対応することができます。

　また、「はじめの一歩」の提案について、根拠となる情報があると、そのアドバイスが条件により、その時は適切ではなかったとしても意味として伝わるので、異なる場面で支援の糸口を見つける際の足がかりとなる可能性もあります。

　心理士ができることは、あくまでもアドバイスです。学校現場において、担任をはじめ教員たちが、明日から何をしたらよいのかが明確になるようなアドバイスが求められています。

学級における児童生徒の
観察の実際

　A地域では、1年に数回巡回相談心理士を受け入れています。学級で担任が気になっている子について外部の専門家に相談する機会です。校長室で観察してほしいと言われている児童Aさんの話を特別支援教育コーディネーターから聞き、2年生の教室へ案内されました。どのような児童であるのかの概略の説明はありましたが、担任が何に困っていて、何を知りたいのかは確認できていない状況でした。そこでまずは広く状況を確認することとしました。

　特別支援教育コーディネーターから観察用に、教室の後方より児童を観察する心理士の視点に配慮した文字の向きの座席表が観察用の資料として渡されました。対象ではない児童の名前も書いてあることから、外部からの専門家を受け入れることに経験と配慮のあるクラスあるいは学校であることがわかります。対象となる児童の様子は関わる児童によって表情や関わりの様子が異なるため、その違いをカンファレンスで共有するためにも、全員の名前の入った座席表は、非常に助かる情報提供です。さらに座席表には担任の先生により「気になる子」にコメントが入っていました。「学力心配」「対人関係」などの記述が数人に記入されていて、対象児童を見ながら何人かの児童についてもアセスメントをしておいた方がいいことが汲み取れました。

　私が教室に入った時、まず一人の男子児童が気づきました。仲のよいと思われる斜め前の男子にそのことを伝えたので、その男子も振り返り

こちらを見てから、周りにも伝えましたが、周りの児童は授業中であるため反応をせず、コソコソと情報を交換する範囲にとどまりました。子どもたちは「知らない人」が何をしにきたのかに敏感です。子どもたちが状況に慣れるまでは、まずは掲示されている作品や生き物などを見ながら全体の雰囲気を掴んでいきます。次に先生の授業を見ます。5分も経つと私の様子を気にしていた児童も慣れてきて、普段の状況に近づきます。児童の観察はそのようになってから少しずつ進めていきます。

　後ろのロッカーの足元はゴミもほとんどなく一つ学帽が落ちていましたが、すぐ上のロッカーの児童のものでした。ランドセルの向きはほぼ全員揃っていましたが、Aさんのランドセルは蓋が開いた状態で下がっていました。鍵盤ハーモニカと絵の具セットについては全員分を名前が見える向きでロッカーの別の場所に並べて入れてありました。水筒はカゴに入れて教室の後ろのあいている机の上に置いてありました。ロッカーの上の壁面を利用して当番表や学級だよりが貼ってありました。横の壁には授業で作成した模造紙が貼ってあり、友達のよい意見を見つけて付せんに書き集めたものがまとめられていました。今日の授業の時間割と業間休みの遊べる場所や教室移動など場所も含めた情報提供が黒板の左に縦に記入され、縦に区切り線を入れて、黒板を分けて使用していました。落とし物を入れる箱や鉛筆削りは教卓の上にありました。その他、英語や音楽ファイルを入れるための個人名を書いた書類箱が手の届くロッカーの上にあり、机の中に入れるものを減らす工夫がありました。

　掲示には2学期の目標が書いてありました。Aさんは「学習」には「かん字をがんばる」、「クラス」には「かかりをがんばる」、「生活」には「くもんをがんばる」と書いてあり、イラストや周囲を塗っていました。塗りは筆圧が強く、ゴシゴシと大体の範囲を埋めている塗り方で、最初は枠を虹に塗り分けようと考えていたようですが段々と塗り方がいい加減になり最後は空白が目立ちました。人の姿は塗り分けずに1色で上からゴシゴシと塗ってありました。

　Aさんの席は　教室前扉のすぐ横、1番右の1番前でした。私は子どもの様子を見るために先生の授業を見ながら右側の列を前方に移動しつ

つ、児童の様子が少し見やすい所まで近づきます。すぐに対象の児童生徒を見ることはせず、脇の掲示板やクラス全体の様子、先生の黒板や授業の内容、あとは対象児童近くの席にいて見られても負担の少なさそうな子どもたちのノートの様子を限定せず広く見せてもらいながら、クラスの子どもの理解や表出の状況を踏まえ、対象となる児童の過ごしに注意を払っていきます。

　Aさんは、赤白帽と水筒、ノートと筆箱を机の上に出していました。姿勢は丸く机も椅子もそれぞれの方向を向き、身体と机の間隔は開いています。上履きはかかとを履きつぶし、足元には物が落ちていました。机から、ぎゅうぎゅうに入っている道具箱がはみ出ていました。

　観察する授業は国語でした。先生の指示で指定の教科書を開くことはできています。音読は全員立って行いましたが、その際Aさんは、立ち上がりはしたものの机の上に置いたままの教科書に目を落とし、声に出して読んではいませんでした。読んでいる行を指でなぞっている児童もいましたが、Aさんはそれもしていませんでした。

　先生が電子黒板に教科書の該当ページを写し、線をひきながら説明をしている間は消しゴムに鉛筆を刺して割っていました。書画カメラでワークシートの見本を写し、ワークシートを配るように先生が列ごとに渡しました。Aさんは、1枚取って後ろにまわします。後ろの友達が休みであったにもかかわらず、後ろを見ず肩越しに落としたため、プリントは机の上で広がりましたが、友達が対応しました。個別の指示でワークシートにひらがなで名前を書き、何度も黒板を見ながら自分のワークシートの枠を1文字ずつうめていきました。字は大きく読める程度で、大ざっぱで角のない書き方でしたが、枠には収まっていましたし、促音や拗長音の間違いもありませんでした。壁面にひとりずつのプリント類を掲示するためのポケットの中に入っていた観察日記は漢字はほぼなく、ひらがなで記入されていました。こちらにはカタカナの「シ」が「ツ」になっていたり拗長音に誤りがありました。

　掲示されたポケットの中には、夏休みの日記なども入っていて、内容は従兄弟たちとプールに行ったというもので、字も見やすく漢字も多く

記入されていました。絵は浮き輪と顔が描いてありました。顔と頭は髪がなく黒く丸い目と線で口のみ描かれていました。腕のみで手はなく、足も同様でした。他にも言葉うつしを促す教材「うつしまるくん」などていねいに書かれているものもありました。

　授業が終わり休み時間になると机の上はそのままに教室を出ていきました。トイレに向かったようですが、後ろから来た友達に幅寄せされて壁に近づき、離れて抜かれたところを笑って追いかけて行きました。帰りも友達にちょっかいをかけられている様子はありましたが、困ったような表情のまま反応することはなく、その場限りの関わりに終わって、教室に一人で戻ってきました。教室に戻り、自分から友達に近づく様子はありますが、声をかけることはしませんでした。席の近い友達との会話もほとんどなく、授業中隣の席の児童とのペア学習の場面では向き合ってはいても、それぞれが自分のワークシートを読み上げるだけでした。

　休み時間の子どもたちの様子は動きが多く、声も大きく、プロレスごっこのような身体接触を伴う遊びを教室の後ろで行い、床の上に何人かが転がっている様子も見られました。休み時間と授業の切り替えは悪くなく、学力については学年相応の力を持つ児童が多いクラスでした。

　次の授業が始まる前に、Ａさんの机の下の落ちているものを拾い渡しながら、次の授業は何かなど尋ねると答えてくれました。聞き取れた発語の範囲では、滑舌には緩さが見られましたが、構音障害のような固着したエラーは聞き取れませんでした。

　全体を通して、若干内股で足を擦ったような歩き方や、走る姿などから姿勢保持以外にも学年が上がると運動が億劫になりそうな雰囲気がありました。また嬉しい楽しいという表情は僅かで、うっすら不安や少し混乱のような表情を多く見ました。こちらからは困っている状況に見えても、本人から先生を頼る様子は少なく、時間や活動の流れの中で、受け身で過ごしているように見えました。

第5章 問題解決につながるカンファレンス

前章では、児童生徒が何に困っているのかを探るためのアセスメントに基づき、仮説を立ててカンファレンスの準備を進めてきました。第5章では、いよいよカンファレンスに臨みます。カンファレンスにおいて「目的」を達成するためにはどうしたらよいか等、具体的な事例を挙げて解説します。

1. カンファレンスでは目的を明確に

カンファレンスというと、どのような場面を想像されるでしょうか。心理士の見立てやアドバイスを聞く場、関係者が集まって児童生徒が苦戦している課題について情報を共有する場、児童生徒の指導に関して自身の困っている点を相談する場など、人によりさまざまなイメージが浮かぶことでしょう。

カンファレンスは、心理士にとって重要で困難な仕事です。自分の気づきがどこまで児童生徒の実態に沿っているのか、また気づきをどのように表現したら学校現場のスタッフに伝わりやすいのか、児童生徒の日常の様子をよく知っている学級担任に何か役に立つことができるのだろ

うか、など不安は尽きません。そのような不安は、経験を積み、見通しをもって取り組めるようになると少しずつ解消していくことができます。カンファレンス以外にも、可能な範囲で学校側とコミュニケーションをとったり、自分の得意な分野などを事前に伝え、限られた中でより現場で役に立つようにやりとりをしておくことも、全体の見通しをもつことにつながります。

　カンファレンスにおいて大切なことは「目的」です。忙しい学校現場においてカンファレンスの設定の仕方は、学校事情の影響を受けやすく、さまざまな場面（参加メンバー・場所・時間帯・目的）が考えられますが、目的を明確にすることで、より有効なものとなります。カンファレンスの目的は可能な限り、ケースごと、学級ごとに事前に設定されることが望ましいと思われます。カンファレンスの目的には、おもに次のようなものがあります。

- 課題があると考えられる児童生徒について理解を深め、何に困っているのかを複数の目で確認したい。
- 児童生徒の発達課題を支援するための有効な対応や、現在、行っている対応が合っているのかを確認したい。
- 保護者と児童生徒の課題を共有するための、面談のポイントが知りたい。
- 保護者との面談において心理の専門家としての意見を述べてもらいたい。
- 個別の教育支援計画の作成にアドバイスが欲しい。
- 個別の指導計画の評価と修正にアドバイスが欲しい。
- 校内のリソース（学習支援員、通級指導学級、通級指導教室など）の利用の必要性について意見が欲しい。
- ＳＳＷ（スクールソーシャルワーカー）や家庭児童相談室など、外部からの後方支援のリソースとの連携について知りたい。

　時期によっては、
- クラスの全体を見て、困難を抱えている児童生徒を早めに把握したいのでアドバイスが欲しい。

●来年度のクラス替えの工夫について意見が欲しい。

という場合もあるでしょう。

　巡回相談の目的が「児童生徒の理解を助けてほしい、対応のアドバイスが欲しい」と提示されたとしても、児童生徒についての説明を受けている中で、学校の管理職から学級担任自身の相談に乗ってほしい等の要望が語られるとしたら、目的は2つあるかもしれません。

　例えば、実際にクラスに行ってみると、学級担任は周りに援助を申し出ることができず、大変なクラスを一人で抱えているような場合があります。少し話を聞いてみると、他の地域から異動されてきたばかりとのこと、環境の違いに戸惑っているのかもしれないし、今までに課題の大きな児童生徒にあまり出会ってこなかったのかもしれません。通勤に時間がかかる、育児に追われているなど、個人的な理由もあるかもしれず、周りの先生方に頼ることがないため、周りの先生方も気にはなっていても、声がかけられない様子でした。本来この巡回相談の業務の中に、学級担任自身の相談に乗ることは含まれていません。しかし、「チーム学校」が円滑に進むようにサポートすることも、巡回相談の目的の一部です。児童生徒の観察を行い、その情報をベースにコミュニケーションをとるなかで、学級担任の思いにも気を配るようにしました。

　よく話を聞いてみると、「異動してきたばかりの学校で大変なクラスだった、慣れない中で何とかしたいと思っても何から取り組んだらよいのかわからなくなっていた」とのことでした。そこで、特別支援教育コーディネーターを通し、この学校の管理職に対して、カンファレンスに参加できる教員がいたら参加してもらいたいと呼びかけてもらえるよう、依頼しました。管理職は「1対1のほうが相談しやすいかと思っていた」とのことでしたが、この学級担任には今、援助が必要であり、困ってから発信するのを待つのではなく、一緒に考えて取り組んだほうがいいことを伝えました。その後、カンファレンスには、同学年を受け持つ先生たちが参加してくれることになりました。複数の教員でカンファレンスを行い、対応を決めていくことでその後、「学年の教員に相

談しにくいと感じることが無くなった」と学級担任が話してくれました。

　この事例のように、巡回相談の目的が一つではない場合、一つの事柄に付随した別のニーズにも応えることができるか業務内容と照らしながら可能な範囲で対応していきます。

　そうすることにより本来のニーズを果たせるようになり、その上で学校との信頼関係が構築されてくる頃には、第二、第三のニーズも対応できるように力がついていることでしょう。

2. 目的達成のための場面設定を

　特別支援教育コーディネーターなど、カンファレンスを開く役割を担う担当者は、カンファレンスの目的が達成できるような場面設定をするように心がけます。それぞれの目的に沿って参加メンバーを誰にする必要があるか、参加メンバーが集まることの可能な時間帯はいつか、場所は校長室か職員室か会議室か、カンファレンスの内容が今後の児童生徒の学校生活に直接生かせるようにするためには、事前の準備が欠かせません。

　巡回相談に出すケースを学内で共有することも初めの一歩となります。例えば、カンファレンスの目的が「学年のチーム援助力を高める」ことである場合、そのケースを中心に情報を共有し、支援の手立てを相談しながら決めていくことから助け合いを円滑にすることができるかもしれません。そのような場合は、学年全体で問題意識のもてるケースを選ぶことが事前準備として有用となります。

　児童生徒の通級の入室を視野に入れた巡回相談なら、保護者の理解も得る必要があるため管理職とスクールカウンセラーの参加を事前に依頼することも有効です。学級担任と介助員との連携がスムーズにいかない場合は、カンファレンスの時間を介助員が参加できる範囲で計画するといいでしょう。

　外部から入る心理士がそれぞれの学校事情を踏まえて対応するには、特別支援教育コーディネーター等からの心理士に対する適切なガイダン

カンファレンスの記録用カード（例）

「　　月　　日　　カンファレンスについてのお願い　」

以下の通りカンファレンスを行いますので、調整の上ご参集ください。

時間／　　　　　：　　　　　～　終了予定　　　　　：

場所／　　校長室・教員室・職員室・（　　　　　　　　　）

メンバー／

管理職・学年主任・担任・特別支援教室コーディネーター・養護教諭・SC

その他：＿＿＿＿＿＿＿＿＿＿＿＿＿＿＿＿＿＿＿＿＿＿

目的：対象クラス　　　　　　　児童生徒氏名＿＿＿＿＿＿＿＿

- ☐　児童生徒の実態把握
- ☐　児童生徒への対応の工夫
- ☐　保護者面談のポイント
- ☐　保護者との面談への陪席
- ☐　個別の教育支援計画の作成
- ☐　個別の指導計画の評価と修正
- ☐　校内のリソース（支援員、通級、特別支援教室など）の利用の検討
- ☐　関係者会議について
- ☐　クラスの全体のアセスメント
- ☐　来年度のクラス替えの工夫
- ☐　その他（＿＿＿＿＿＿＿＿＿＿＿＿＿＿＿＿＿＿）

Memo

特別支援の一年

4月　引き継ぎ

5月　実態把握

個別の教育支援計画

　　個別の指導計画

特別支援検討会議

7月　保護者面談

9月　実態把握

　　個別の指導計画

10月　継続判定

特別支援検討会議

12月　保護者面談

2月　年度の評価

3月　引き継ぎ

スが必要です。

　カンファレンスの目的について参加メンバーが理解して臨むために、まず、参加者の間で共有できるように書類を作成しておきます。各自治体による報告のためのフォーマットなどがある場合は、その様式の項目を生かして、参加者の間でカンファレンスの目的を共有するのもいいでしょう。また、そのようなフォーマットがない場合は、126ページのような様式を活用してもいいと思います。

　児童生徒を観察する前に心理士に対して巡回相談の目的についてガイダンスがない学校の場合、何回か訪問を重ねる中で、カンファレンスの目的が事前に伝わるように特別支援教育コーディネーターに依頼しておくことをおすすめします。カンファレンスの目的を把握しておくことができると、関連する情報については念入りに情報収集できます。学校の信頼を得るためにも、よりよい仕事をするためにも、どのような準備をしておいてもらえると助かるかについて少しずつ関係を作りながら理解してもらえるように依頼をしていくといいでしょう。

　また、巡回相談の中に、複数の目的が含まれる場合もあります。苦戦している児童生徒が多くいる学級の担任が、心労をかかえながらで学級運営を行っている場合などは、カンファレンスの前に見えたものや気づいたことをまずは特別支援教育コーディネーターに伝えてみることをおすすめします。部分から得た情報が全体を示すかどうか、カンファレンスでアドバイスしようとするポイントが学内事情に合っているかどうか、普段の様子を知る人から情報を得ることで、ケースフォーミュレーションを修正できたり、伝え方の工夫に参考となる情報が得られたりします。カンファレンスを行った後、担任が抱えきれない多くの課題をもって学内で孤立することのないよう、ていねいにすすめます。

　カンファレンスを通して伝えるアドバイスや相談して決めていく次の一歩は、何よりもまず、児童生徒のためになり、今の学校にとって受け入れやすく有益なものが好ましいです。教育行政上の施策の方向性と合致し、かつ、特別支援や教育相談等の適切な提供につながり、また、個別の教育支援計画・個別の指導計画等のさまざまな手続きを網羅するこ

とで、一過性の手立てにとどまらず、将来に向けた移行を想定した合理的配慮なども踏まえたものになります。

　そのためには、知っておいた方がいい考え方がいくつかあります。

3.　個別の教育支援計画と個別の指導計画について

　忙しい教員にとって巡回相談を迎えてカンファレンスを行うことには、一定の負担が伴います。そして、発達課題を持つ児童生徒の学校生活をサポートするにとどまらず「個別の教育支援計画」や「個別の支援計画」を作成するとなると、また仕事が増えていくことになります。そこでカンファレンスが「個別の教育支援計画」や「個別の支援計画」の作成と連動していくことが円滑な支援に有効です。

　平成14年12月に出された「障害者基本計画」に基づき定められた重点施策実施5か年計画の中に個別の教育支援計画を策定することが述べられてから、20年もの月日が経ちました。教育・医療・福祉・労働等の関係機関が連携強化を図り、障害のある児童生徒の生涯にわたる継続的な支援体制を整え、それぞれの年代において児童生徒の望ましい成長を促すために、個別の支援計画を作成することが有用とされています。

　この支援計画のうち、教育機関が中心となって作成するものを「個別の教育支援計画」といい、乳幼児期から学校を卒業した後まで一貫性のある支援を行うことを目的として作成されます。就学相談から学齢期に渡り、引き継ぎを効果的に実施するためにも役立ちます。

　また、通級指導教室や特別支援教室での特別な指導と在籍学級での指導を実効性のあるものとするためには、相互の連携を深めることが必要です。そのためには、通級指導教員と在籍学級担任が共同で個別の教育支援計画と個別の指導計画を作成し活用すること（連携型）が望ましい形です。

　「個別の指導計画」は、児童生徒一人ひとりのニーズを正確に把握し、教育の視点から適切に対応していくためのもので、長期的な視点に

立って作成された「個別の教育支援計画」とは異なります。これは、児童生徒一人ひとりの障害の状態等に応じた、きめ細かな指導が行えるように、学校における教育課程や指導計画を踏まえた、より具体的な指導目標や指導内容・方法等を盛り込んだ計画です。

　個別の指導目標について通級指導教員と在籍学級担任が話しあって決定し、いくつかの指導目標を見すえることで、それぞれの場にあった方法でアプローチを行い、評価していくことができます。また、通級指導教員や巡回指導教員と在籍学級の担任が協働して対象の児童生徒への指導を展開するという意識を持つためにも「個別の指導計画」を共有することは有効です。

　新学習指導要領の改訂では、教育基本法や学校教育法などを踏まえ、「家庭、地域及び医療や福祉、保健、労働等の業務を行う関係機関との連携を図り、長期的な視点で児童生徒への教育的支援を行うために、個別の教育支援計画を作成、活用に努める。また、各教科等の指導に当たって、個々の児童生徒の実態を的確に把握し、個別の指導計画を作成、活用に努める。特に、特別支援学級に在籍する児童生徒や通級による指導を受ける児童生徒については、個別の教育支援計画及び個別の指導計画を全員に作成する」（幼稚園教育要領、小学校学習指導要領及び中学校学習指導要領（平成29年3月）、高等学校学習指導要領（平成30年3月）を集約）
と記述されています。

また、平成 30 年 8 月の「学校教育法施行規則の一部改正する省令の施行について」でも、「家庭と教育と福祉の連携「トライアングル」プロジェクト」の報告を踏まえ、特別支援学校に在学する幼児児童生徒について記述されています。「個別の教育支援計画」の作成に当たっては、当該児童生徒等又は保護者の意向を踏まえつつ、関係機関等と当該児童生徒等の支援に関する必要な情報の共有を図らなければならないこととされ、この規定について、小・中学校（義務教育学校及び中等教育学校の前期課程を含む）・特別支援学級の児童生徒及び小・中学校、高等学校において学校教育法施行規則第 140 条に基づき障害に応じた特別の指導である通級による指導を受けている児童生徒について準用するとされています。

　児童生徒の「個別の教育支援計画」は学校生活だけにとどまらず、家庭生活や福祉とのつながり、地域資源の利用や、自己実現できる場面など、本人の生活全体から情報収集し、児童生徒のあらゆる生活や場面において生かせるものとすることが大切です。

4. 合理的配慮

　カンファレンスの中で対象となった児童生徒の苦戦に対して、どのような支援が有効か検討する場面は多くあります。児童生徒の一人ひとりの支援がクラス全体によいサポートとなるようなユニバーサルデザインによる支援を模索することが重要ですが、「読み・書き・計算」については特に個別的な配慮を検討することになります。

　「読み・書き・計算」は今まで、学齢期の学習の基礎となる知識や技能であると考えられてきました。しかし、現代社会においての「書き」と「計算」について、私たちは仕事や日常場面でも学齢期とは異なったやり方をしているのではないでしょうか。実用性と利便性の観点からは「書き」の代替となるキーボード入力や音声入力などが利用されることが多く、漢字を選択することはあっても書く機会は非常に減っています。「計

算」の代替となる電卓やさまざまなアプリも利用されてきています。

　学習において、「読み・書き・計算」の力の向上と同時に、基礎となるさまざまな知識や、創造力、論理的・数学的思考力といった教科の垣根をこえた力の育成も重要です。学習の入り口で躓いて苦手意識を持ち、勉強全般への取り組みを避ける児童生徒がいることは人材の損失であり、改善すべき課題です。

　また、2019 年 12 月に発信された GIGA スクール構想に関する文部科学大臣からのメッセージ「子供たち一人ひとりに個別最適化され、創造性を育む教育 ICT 環境の実現に向けて」に示されるように、ICT を活用した個別最適化教育は、Society 5.0 時代に生きる子どもたちにとってのスタンダードとなっていくと思われます。「個別の教育支援計画」を立てる際の合理的配慮として ICT 機器の使用が具現化されることで、得意な資質・能力を有する子どもの才能を伸ばす機会も生まれるかもしれません。

　また、感覚過敏の問題も大きな配慮事項です。感覚過敏がある児童生徒は、音楽の授業の際に音楽室に入れない、教室でふれただけの友達に対して怒る、食材の匂いや食器のぶつかる音、偏食などにより給食の時間がつらいなど、何気ない学校生活の中に負担を感じ、それが適応の困難さにつながっていることもあります（高橋智、増渕美穂 2008）。

　さらに網膜の光感受性が高すぎる光過敏は、紙面の材質の光沢と印刷された文字のコントラストが処理できず文字を読むことに苦労したり、窓際の席になると頭が痛くなるなど健康への影響が出る場合もあります。感覚過敏は、本人にとっては生まれ持った自然な感じ方なので、周囲の人が自分と同じストレスを感じることなく生活していることに気づいていません。席の位置やカラーレンズのメガネの使用など、合理的配慮を行うには、周囲の気づきが不可欠です（『アーレンシンドローム「色を通して読む」光の感受性障害の理解と対応』ヘレン・アーレン著　熊谷恵子監訳　金子書房　2013）。

　日本が 2007 年に署名し、2014 年 1 月に批准した「障害者の権利に関

する条約」では、障害に基づくあらゆる差別の禁止が謳われ、教育の中でのインクルーシブ教育システムや合理的配慮の提供等についてが規定されました（条約第24条より）。

　また、条約の批准に向けた国内における一連の障害者制度改革の中で、教育分野においては、中央教育審議会初等中等教育分科会が「共生社会の形成に向けたインクルーシブ教育システム構築のための特別支援教育の推進（報告）2012年7月」を取りまとめ、インクルーシブ教育システム構築に向けた考え方や取り組みの方向性を示しました。

　障害者基本法第4条を実現するために制定された法律である障害者差別解消法は2013年6月に成立し、不当な差別的取扱いの禁止や合理的配慮の提供義務等について規定しており、2015年には「文部科学省所管事業分野における障害を理由とする差別の解消の推進に関する対応指針」を策定し、2016年4月以降、学校現場において法律に基づく具体的な対応が求められることとなりました。2024年4月より公私の区別なく法令上の義務となっています。

　この法律では、障害のある人もない人も、互いにその人らしさを認め合いながら、共に生きる社会をつくることを目指し、国・都道府県・市町村などの役所、会社や店の事業者なども含め、障害のある人に対して正当な理由なく差別することを禁止しています。

　また、障害のある人から、社会の中にあるバリアを取り除くために何らかの対応（合理的配慮）を必要としているとの意思が伝えられたときに、負担が重すぎない範囲で対応することを求めています。合理的配慮は「法的義務」であり、合理的配慮の否定は「障害に基づく差別」となります。

　学校現場では、困難さを示す根拠となる資料（医師の診断書や療育手帳等）の少ない児童生徒に対してもさまざまな配慮を提供しています。また、本人が自ら援助要請できなくても、明らかに援助が必要な様子を見取ることが可能であれば配慮を提供します。

　しかしながら、児童生徒自身が社会に出る段階で、援助要請が正当な

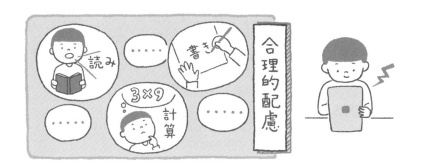

　要求であるのか、また本人自身の要望であるのかについて、一定の根拠を示すことが求められる場面に出会うことが予測されます。これらは、教育課程「自立活動」の中で扱うことができる指導目標にもあるように、障害特性を含めた自己理解に基づいたコミュニケーションや援助要請行動等の一定の力の獲得を目指す理由でもあります。「合理的配慮」は提供する側の義務ですが、配慮を受ける本人の要望に基づいて調整を行うことも重要です（文部科学省「障がいのある学生の修学支援に関する検討会報告（第三次まとめ）」2024）。

　自分が困っていることに気づき、状況に合わせて判断し、援助を要請することが苦手な児童生徒は現場では多くみられます。そのような児童生徒の場合、本人の今の困りごとを中心に据えて、ある程度時間をかけてサポートすることが大切です。適切な自己理解に基づいた妥当な「合理的配慮」の要請を、他者との間で調整する力の育成につながると思われます。

　学校現場では「読み・書き・計算」に関するものだけではなく、さまざまな「合理的配慮」が提供されています。ICTの普及も、設備面の導入に関する個別の負担の軽減につながり、さらに多くの配慮が提供可能となってきています（134ページの表は大学共通テスト受験上の配慮事項［例］です）。

　しかし、受けられる「合理的配慮」の選択肢が増えてきても、自分に合う配慮かどうかは経験してみないとわかりません。保護者だけではなく、通級や通常級の学習の中でも積極的に取り組み、経験してみること

大学共通テスト受験上の配慮事項（例）

【解答方法や試験時間に関する配慮】
①点字解答（試験時間を 1.5 倍に延長）
②文字解答（試験時間を 1.3 倍に延長又は延長なし）
③チェック解答（試験時間を 1.3 倍に延長又は延長なし）
④代筆解答（試験時間を 1.3 倍（科目によっては 1.5 倍）に延長又は延長なし）
⑤その他マークシート解答においても試験時間を 1.3 倍に延長する場合あり

【試験室や座席に関する配慮】
① 1 階又はエレベーターが利用可能な試験室で受験
②洋式トイレ又は障害者用（多目的）トイレに近い試験室で受験
③窓側の明るい座席を指定／座席を前列に指定／座席を試験室の出入口に近いところに指定
④別室の設定

【持参して使用するものに関する配慮】
①拡大鏡、照明器具の持参使用
②補聴器又は人工内耳の装用（コードを含む）
③特製机・椅子の持参使用
④車いす、杖の持参使用

【その他の配慮】
①拡大文字問題冊子（14 ポイント・22 ポイント）の配布
②照明器具の試験場側での準備
③手話通訳士、介助者等の配置
④注意事項等の文書による伝達
⑤リスニングの免除または音声聴取の方法の変更（CD プレーヤーにヘッドフォンを接続する等）
⑥試験場への乗用車での入構許可
⑦試験室入口までの付添者の同伴
⑧特製机・椅子の試験場側での準備
⑨「最後列」や「試験室正面に向かって左側」などの座席の指定、試験時間中の薬の服用、吸入器の持参使用、パソコン利用など

が必要です。GIGA スクール構想の中で、何人もの児童生徒が「合理的配慮」を受けながら学習を進めていくことが可能となってくるでしょう。

どのような事例があるかについては、文部科学省や千葉県教育委員会の「合理的配慮事例集」など、オンライン上でも資料として参考になるものを求めることができます。

5. 就学相談について

巡回相談で対象として挙がってくる児童生徒の苦戦する様子から、学習困難が大きく全体に渡り、特別支援の量を多く求めている児童生徒の姿が見えてくることがあります。現在のクラスに居場所があり意欲が保たれている場合、学校生活に興味が持てないくらい意欲が落ちている場合など、児童生徒により状況はさまざまですが、本人のニーズや現在のクラスでできることとできないことを見取りつつ、カンファレンスを進めていきます。

令和3年1月「新しい時代の特別支援教育の在り方に関する有識者会議報告」（文部科学省）において、我が国の特別支援教育に関する新しい方向性が示されました。その中で、従来の「教育支援資料（2013年10月）」が、障害のある子どもの就学先となる学校や学びの場の適切な選択に資するよう、「障害のある子供の教育支援の手引」と改訂されました。 この手引の中では、一人ひとりの教育ニーズを整理するための考え方や合理的配慮等、教育支援への考え方が示されていて、個に応じた適切な指導を充実させるための就学先や学びの場の決定と柔軟な見直しについてのプロセスが把握できます。

学校現場では、児童生徒の苦戦の様子を捉えつつも、我が子の発達に関して感じている保護者の戸惑いや不安等の気持ちを充分に汲み取りながら、保護者と同じ方向を向いて話し合う教育相談が求められます。

また、保護者が我が子の成長の成果を急ぎ求めすぎて、心身の発達段階や本人の学習への意欲、負担感に気づけない場合もあります。保護者

の望みが、今の児童生徒にとって到達が困難な目標設定であることに気付けずに、失望したり悩んだりしていることもよくあります。児童生徒の発達の様子や、集団の中で発揮できる力について伝えながら、順を追ったていねいな対応をすることが求められます。

　しかしながら、学校現場における保護者との面談は、学校側には困っている事柄があり、保護者に理解してほしいことや、伝えてほしいことがすでにある場合も少なくありません。

　教育相談で心理士は、「チーム学校」の一員として保護者との面談にあたることになりますので、限られた時間の中で安心して話せる雰囲気を作り、信頼関係を築きつつ、保護者にとって受け取りやすい表現やタイミングをつかむ必要があります。学校側のニーズは大切にしつつも、生育歴や家庭環境の聞き取りから保護者の生活を知り、我が子の特性の理解の状況や子育ての不安や負担・療育教育等の知識や利用状況など保護者の状況についてつかみ、保護者の立場や思いを踏まえて、保護者の疑問に答えていくことを優先します。

　子どもの名前の由来や生まれた時のこと、幼い頃好きだった遊びや子育ての苦労話など、児童生徒について一緒に話すこと自体が保護者にとってのよい相談の経験となる場合があります。他にも、問題行動への対処方法や、利用できるサービス、各地域における最新の情報を広く提供をすることがよい相談の経験となる場合もあります。

　また、学校生活で見られる、ふとした瞬間の児童生徒の姿を伝えて、普段の子どもの姿との重なりや異なりを共有することが保護者の安心につながる場合もあります。保護者は「学校に呼び出された」という感覚を持って相談に来ていることが多いので、面談でやりとりがスムーズに進んでいても、信頼関係が構築できているとは限りません。保護者に学校側のニーズを受け取ってもらえるタイミングだと思っても、実はこちらに合わせて話しているだけだということも少なくありません。そのような時、心理士はまだ保護者と相談できる関係になっていないことに気づき、学校側のニーズを伝える段階になっているのかを判断しなければならないこともあります。保護者側にある程度ニーズを受け取れる準備

ができているのか、見取ることが必要です。

　しかしながら、「家庭のことは学校に知られたくない」という保護者に対して無理に何かを聞き出すことから始める必要はなく、学校への理解を深めてもらい、保護者の悩みを聞き、受け取った後に考えるための材料を提供するのも学校の心理士にできる手立てのひとつです。

　このような保護者の場合、見通しのつかないことはしない、といった傾向があり、また、児童生徒が特別支援に関わる援助を受けることが、いじめにつながるのではないかなど、心配を抱えている場合もあります。何が心配で「家庭のことは学校に知られたくない」と考えているのか、その根本的な理由に心を向けていくことが大切です。

　夫の実家が地元の名家で「子どもの困難は母親の責任」と言われる、海外から来て日本のことがまだよくわからない、子どもが乱暴で保育園の時から孤立しがち、など同じような児童生徒の課題でも保護者が抱える背景はさまざまで就学に関する合意形成に至るプロセスはケースごとに異なります。保護者は学校での面談に何回も足を運ぶとは限らないので、一定の理解や何らかの判断を求めたりするためにも、少ない回数で状況を掴み、今後教員が関わりやすいように保護者の見立てをしておくことは学校の助けにもなります。

　保護者自身の学校との認識の齟齬やコミュニケーションの負担、不測の事態に対する対応能力、支えのある生活をしているかなど、専門職としてのアンテナを張り巡らせて、学校側が保護者と関わる際の留意点をチェックします。電話をかけていい時間帯や頻度、折り返してもらう約束をして短く電話を切るなど、心の準備のための時間をとれる連絡の方法の工夫など、教員が具体的な行動を工夫する際に、その留意点は生きてきます。

　令和元年度の小中学校等における特別支援学級在籍者は、平成 21 年度に比べ 2 倍以上増加していて全国で 278,140 人、通級指導教室（特別支援教室）利用者数は 1.5 倍に増加し全国で 134,185 人、自閉症児は 2 倍以上、情緒障害児が 3 倍以上となっています。

　保護者にとって、児童生徒の特性を知り、理解することは、時によっ

ては受け入れ難く、ストレスにもなり得ることです。学校側のニーズを
その場ですぐに保護者が受け入れなくても、それはその時の家族の事情
であり、必ずしも子どもや学校のことを疎かにしているわけではないと
考え、支援しながら寄り添っていくことが大切です。

　児童生徒自身が学校教育の枠組みの中で支援を受けながら成長してい
くことによって、自立した生活で必要とされるさまざまな能力を身につ
けることができたとき、保護者自身も支援の重要さを理解し良きアドバ
イザーとなるでしょう。

　心理士は、保護者に接し、児童生徒の成長の過程を共に歩みながら
も、学校との関わりが保護者の負担になりすぎないように学校との橋渡
しのような役割を果たすことが求められます。

6. 個別最適化された学びについて

　個別最適化された学びとは、離席や登校しぶりなど授業に興味関心を
寄せにくく集団適応が進まない児童生徒をどのように支えていくかを考
える上で学校現場が踏まえるべき新しい方向性です。

　文部科学省は、令和元年12月の中央教育審議会初等中等教育分科会
の「新しい時代の初等中等教育の在り方　論点取りまとめ」の中で、新
しい時代を見据えた学校教育の姿（2020年代を通じて実現を目指すイ
メージ）として、多様な子供たちを誰一人取り残すことのない、個別最
適化された学びの実現を提案しています。「多様な子供たち」の中に
は、特別支援が必要な児童生徒だけではなく、外国人の児童生徒、虐待
や貧困など生活や学びに関わる課題の中にいる児童生徒など、すべての
児童生徒が含まれます。基盤的な学力の確実な習得を目指すとともに、
特異な資質・能力を有する児童生徒が、その才能を存分に伸ばすための
高度な学びの機会へのアクセスを容易にすることの実現にもふれていま
す。

　この「論点取りまとめ」を受け、令和3年1月に中央教育審議会によ

り、「「令和の日本型学校教育」の構築を目指して〜全ての子供たちの可能性を引き出す、個別最適な学びと、協働的な学びの実現〜」として答申が取りまとめられました。

　日本ではこれまでも学習指導要領において、児童生徒の興味関心を生かした主体的な学習が促されるよう工夫することを求めるなど、「個に応じた指導」は重視されてきました。さらに「幼稚園、小学校、中学校、高等学校及び特別支援学校の学習指導要領等の改善及び必要な方策等について（答申）」（平成28年12月）においては、児童生徒一人ひとりの興味や関心、発達や学習の課題などを踏まえて、それぞれの個性に応じた学びを引き出し、一人ひとりの資質・能力を高めていくことが重要だとしています。また、各学校が行う進路指導や生徒指導、学習指導などについても、児童生徒一人ひとりの発達を支え、資質・能力を育成するという観点からその意義を捉え直し、充実を図っていくことが必要であるとされています。

　文部科学省の「特定分野に特異な才能のある児童生徒に対する学校における指導・支援の在り方等に関する有識者会議（審議のまとめ）」（令和4年9月）では、特異な才能を科学技術、芸術、スポーツなど、多様な領域における固有なものとして捉え、才能の全般的な特徴を「普通より優れた能力」「創造性」「課題への傾倒」の3つの要素に大きくまとめ、これら3つの要素の相互作用と捉える考え方をとっています。

　さらに、特異な才能のある児童生徒の認知や発達の特性として、強い好奇心や感受性、豊かな想像力や高い身体活動性、過敏な五感などの発達水準に偏りがあることが挙げられ、学校という環境へ馴染めないことによる困難を抱えていることがあると指摘されています。

　また、「2E（twice-exceptional）の児童生徒」といわれる、特異な才能と学習困難をあわせもつ児童生徒が、通常の学級や特別支援学級に在籍していることもわかってきました。学校生活では、同級生との会話や友人関係の構築に困難を抱え、教師に対して授業の進め方や評価に疑問を抱くこともある一方で、知的な側面の発達と社会性や情緒の発達に差があることにより、状況の理解や自己理解、コミュニケーションのとり

方、感情のコントロール等の力が不十分で、その結果、集団の中でトラブルが起きたり孤立したりする場合もあります。

　このような児童生徒が充実した学校生活を送れるようにするためには、苦手とする側面への指導や支援とともに得意な面を生かす「答えだけではなく、考え方を発表させる」「他の児童生徒へのお助け的な役割を与える」などの支援が有効と考えられます。2Eの児童生徒については、読み書きなど学習上の困難に際し、ICTを活用するなど、選択肢を増やし、負担の少ない環境を用意することも有効だと思われます。そして、困難の解消にとどまることなく、個性や才能を伸ばすために各教科で活用する場面を設け、空き教室や学校図書館などでさまざまな動画コンテンツに触れるなど、教育課程との共通性に配慮しつつ校内にある多様な学習の場の充実をはかり、時には学外の学びの場を活用することも含めた個別の教育支援計画を立てていくことになります。教育課程「自立活動」の枠にとどまらず、キャリア教育やICTの活用など、近接領域との関連にも意識を向け、個別の指導目標に反映させていくことが、限られた教育の機会を充分に生かすことにつながります。

　「個別最適な学び」は、現在のところ、ICTの活用と少人数によるきめ細かな指導体制の整備により、児童生徒自身の意欲を刺激し、少しずつ実現している学級も多いと言えるでしょう。ICTは合理的配慮の場面だけではなく、日常的な場面でも有効利用できるので児童生徒のニーズを汲み取り、使用可能性を広げるための指導を行いつつ、教育の質を上げていくこともできます。

　また、通級で指導した内容を在籍学級で生かすことができない、といった般化することに問題を抱える児童生徒にとっても、ICTはよい架け橋になります。ICT機器やアプリなどの教材の扱い方が理解できれば、場面が異なっても再現が可能です。

　しかしながら、ICT機器に関して、児童生徒が自分のペースで使用したいというニーズが強くもなるため、ルール（「いつ」「どのように」使用するのか）が共用できず、在籍学級で担任が苦労する場面も増えてきました。現在、先行してICT機器を使用しながら授業を進めている

地域では、在籍学級の取り組みの中でICT機器の使用に関するルールづくりに苦心している姿もあります。

「個別最適な学び」は必ず「協働的な学び」と両輪であることを意識し、児童生徒の特性の見立てに基づいて、一人でできることを人が間に入ってきても戸惑いなく達成できるところまで指導することが大切です。また、早い段階で児童生徒本人とルールを共有し、在籍学級においての規範の範囲内でのICTの使用のしかたを習慣づけていく必要もあるでしょう。そして、その過程において、学校生活の中で埋もれがちな児童生徒の特性が見えてきて、その児童生徒のコミュニケーションや協働することへの意欲、行動や感情のコントロールについて、特別支援の必要性についても考えるきっかけになるかもしれません。

日々変化する学校現場において、カンファレンスの中で適切なアドバイスができるよう、状況を慎重に見極めて、柔軟に手立てを考えていく必要がありそうです。

7. カンファレンスの実際

　カンファレンスの目的は、学校の実情（その時期その状況）を反映したものとなりますが、どのようなカンファレンスでも常に、児童生徒が何に困っているのかを理解しようとすること、児童生徒を取り巻く関係者がお互いを知り、チーム一丸となることが成功の鍵といえます。そのために、まず私たちはカンファレンスを通じて、児童生徒の普段の様子をよく知る教員が感じていることや、発達上の特性をふまえて観察した心理士の気づきを出しあって、児童生徒の理解（仮説）を深めていく必要があります。

　さらに、この仮説を中心として、何から取り組むと、今ある課題が改善の方向に向かうのかを話し合い、手立てを含め計画していくこととなります。

　気づきにはいくつかの側面があり、それらには、すぐに効果が表れるものから取り組むことがよいのか、多くの場面に広く影響を及ぼすようなものから取り組むことがよいのか等、介入すべき順や優先性の考え方があります。支援や指導を行う関係者にとって、今の環境の中で対応可能な方法やタイミング・量であることが大切ですので、カンファレンスの最後には具体的に実施が可能であることのいくつかが見えてきて、どこから取り組むべきかを確認できるといいでしょう。児童生徒の変化について見通しがつく場合には、今後の予測とともに支援や指導の展開についても提案するように心がけます。理解に基づいた対応を行っても児童生徒の変化が見られないときは、計画を修正していきます。

　あくまでも、在籍学級では学級担任が、通級・特別支援教室では通級指導教員・巡回指導教員が、家庭では保護者が中心となって児童生徒の支援を行うこととなります。また、学校内・家庭内にあるさまざまなリソースをうまく組み合わせて支援に当たる場合も、中心となるのはそれらの人々です。つまり、今ある学級・今の家庭状況の中での取り組みであるということが重要なのです。

　学級とは、多くの児童生徒が共に過ごす場です。その場を運営する学

級担任や、対象となる児童生徒のために、「学校」という大きな組織と関係を構築しなければならない保護者にとって、面談やカンファレンスは負担を感じる場となることは充分に想定されます。対象となる児童生徒の課題は支援の長期的継続が必要とされるものも多く、取り巻く支援者にとって過度の負担となり、心身の健康を損なう場合もあります。後方から支援する立場の人はそれらの事情をふまえ、ていねいかつ慎重な面談やカンファレンスの中で当事者が主役であることを理解する必要があります。当事者の立場に立って考えること、スモールステップで目標を設定することが大切です。

　カンファレンスを行った結果、「チーム学校」のつながりが深まり、児童生徒に関わる人々が見通しをもって支援を行えるようになることは、結果的に児童生徒のためになるのです。

　「いつ」「どこで」「誰が」「どのように」対応していくか、共通理解に基づいた支援の具体的な内容と役割分担を行った上で、ゆるやかに重なりながら助け合える風土が醸成されていけば、児童生徒だけではなく、学級担任や保護者の心身の健康を支えることにつながります。管理職参加のカンファレンスの提案は、学校風土そのものの改善を考える意味でも有効かもしれません。

Column 5

児童生徒の実態把握と
仮説について

　Aさんの観察を終えたところで特別支援教育コーディネーターが教室まで迎えに来たので、帰りの支度の様子を見せていただきたいと要望して少しその場で観察を続けました。担任の目配りが多く必要な児童生徒はAさん同様に前の席にいることが多く、ロッカーのある後ろまでの距離が長いため、学級が一斉に動く場面では刺激も多くなり、帰りの支度の動き出しに課題がある場合があります。

　Aさんは聴覚や視覚についての感覚過敏について事前情報はなく、授業観察からも判断はできませんでした。しかし、ロッカーまで行くことには不自由はありませんでしたが、タイミングを掴んだり新しい活動への取りかかりに課題があるためロッカーに多くの児童が出入りする隙間を縫って自分のランドセルに手を伸ばすことがなかなかできず、ほぼ友達がいなくなってからやっとランドセルを取っていました。席に戻り、机の中に物が多く整理されていないため、ランドセルを持って来てから詰め込むまでにも大変さは見られました。

　特別支援教育コーディネーターと移動しながら、カンファレンスの目的を聞いてみました。巡回相談が来るので「見てもらいたい児童はいるか」と全体に諮ったところ、手の挙がった担任の挙げた児童であることがわかりました。Aさんについて何を相談したいのか、なぜ相談したいのかについては聞き取りできていないとのことでした。カンファレンスまでの時間は、観察に基づいて児童の実態把握を行い、いくつかの仮説をもとにカンファレンスに備えたいと考えました。

クラスの見取りについては随所に特別支援の手立てがすでに入り、わかりやすく見やすく参加しやすいように工夫されている様子が確認できました。発達的に凹凸の多い児童生徒がクラスの中で多く見受けられたので、その児童生徒たちについては先生の通常の手立てと特別支援のアイディアで授業への意欲を維持することができていると思われました。その中でもこのＡさんが巡回相談の対象として挙がってきた理由として、仮説はいくつか考えられました。

　第一の仮説は、現在の学級の手立てではＡさんの学校生活への意欲的参加を確保することが難しいという状況の中で、見立てを共有し、必要な支援を見つけ、そして必要な指導につなげるためのアドバイスが欲しいというもの。個別の教育支援計画を立てる際や、特別支援検討会（校内で気になる児童生徒の情報を広く共有する会）等で児童の様子を学内で共有する会議の準備などもこれに当たると思われます。
　カンファレンスの目的が第一の仮説に準じたものである場合には、言語による理解について、聞き取りも読みも困難と思われますが、本当なのか。自分の言いたいことを表現するのは、書きより話す方がやりやすそうですが、それはどんな条件下で最も多くを発信してくれるのか。視覚的な情報をどの程度自分から得ようとしてくれるか。こちらが都度提示するしかないか。孤立させないためにコミュニケーションの機会を確保し、周りの支えに対して反応を円滑にするための配慮はどのようにしたらいいのか。学校生活への意欲を確保するためにはどのような場面でどのような活動を用意し経験させていくことがよいか。学級の中の援助の種類と量でよい経験を積んでいけるのか等の質問が担任から出てくる可能性があると思われました。そこで、カンファレンスではこれらの視点を中心に参加者から情報を集めつつ、支援のポイントについてまとめ、指導の可能性について確認しながら進めていくこととしました。

　第二の仮説は、「友達から嫌なことをされる」「勉強がめんどくさい」等本人が困っていることを自宅で言えていて、保護者からの相談があり

それへの対処をするための相談という可能性が考えられました。友達との関わりにおいて困っている様子はありましたし、自分の力で対処できていないので、援助要請スキルがあるが信頼した相手にしか出せないといった発達段階の場合、あるいは場面依存が高く生活の中での決まった場面でしか表出しないという場合には、学校を離れて家庭に帰ってからのコミュニケーションの中で困った思いが語られる可能性があります。また、読みに流暢さが無く、書き写しも１文字ずつであったこと、カタカナや特殊文字の綴りに誤りがあることから、学習への困難感が語られる可能性もあります。

　カンファレンスの目的が第二の仮説に準じたものである場合には、保護者に本人が言っていることは、学校生活の中で担任から見ても妥当な内容か。それらは学級での生活のどの場面で見られるか。量や頻度はどのくらいか。環境調整も含めて対応できる内容があるか。本人の状況理解を補うことで困った気持ちを軽減できるか。他に本人が学校生活で楽しめそうな活動を増やして楽しみを見出せる学校生活をコーディネートできそうか。家族とのコミュニケーションに「大変だったことを報告する」というパターンがあるか。あるとしたら、そのパターンから「楽しかったことを報告し、大変だったことは相談する」というパターンへ改善できるか。またそのために、どのようなアプローチが可能か。

　学習の困難については、夏休み中の課題として提出された日記などを見て、保護者が目をかけ手をかけてくれていることへの感謝を伝えつつ、本人が感じている困難の様子を精査して、支援や指導につなげていくことができるか。

　これらの視点を中心に情報を共有し、対応を計画することがカンファレンスで必要と思われました。

　第三の仮説は、理解や読み書き、九九の暗唱など、学習面の難しさが目立ちどのようにしたらいいかという相談内容が考えられました。

　授業を通して新しい知識や技術を自分のものとするためには、得た情報の整理をすることが必要です。新しい情報を過去の経験や知識と照ら

し合わせ、類似性を検討し同じカテゴリーのものをまとめ、新しいものには別の箱を用意し、ラベルを貼りながら、比較検討していきます。その中で感じる違和感に疑問を持ち、さらに考えたり調べたりしていくこととなります。Ａさんは物の整理も難しい面が見られていて、具体物で苦労しているところから、抽象的な作業にはさらに苦労することが予測され、理解の面での支援が必要な可能性は高いです。

　また、もう少し基礎基本の情報処理のレベルで、画像認識や音声認識、文字認識等のパターン認識について、関連付けや規則性の把握が難しい可能性もあります。その場合、一つひとつ指導していくこととなり、特別な指導の場が必要です。

　書きについても、姿勢の保持や体の動きからも粗大運動の面で生活年齢にはまだ運動経験が足りない状況であり、体躯の支えが弱く上半身と下半身、右半身と左半身が分離してしっかり操作できる段階にはまだなく、その中で机に座り体を支え微細な運動を協調させて黒板を見ながらノートに字を書くという作業を行うことにＡさん自身が負担を感じることは充分に予測の範囲です。

　記憶についても、気持ちが動いた活動の記憶や体験を通して身についた事象の記憶はある程度獲得できていそうですが、耳からの刺激を記憶してイメージと結びつけたり、その記憶を保持することには苦労しています。そこから考えると興味の湧かない体験と切り離された九九などを暗唱することは難しそうに思います。

　カンファレンスの目的が第三の仮説に準じたものである場合には、まずは知的な遅れや認知の特徴を測ることが必要です。こちらは保護者にお願いしていくことになりますが、まずは、Ａさんにとって獲得できている内容を確定しながら、次の一歩にどのくらいの大変さがあるのかを確認します。伝え方の工夫をすると覚えられるか、覚えた知識の定着具合など、できることできないことを細部まで見て集めていく中で、Ａさんの学習の特徴をつかみ、保護者と共有し、保護者が感じている不安を一緒に解決していこうと提案していくこととなります。

他にもＡさんはイラストをぬるときに人の顔を服などと区別せずにぬりつぶしていましたし、友達とのコミュニケーションもキャッチボールになりにくい様子もありました。

　友達を求める気持ちはありそうなので、社会性のスキルの低さに悩みをもつ可能性もあり、今のうちに自立活動の指導を入れていくことも役に立つかと思われました。夏休みの日記やもちものの様子から、保護者も子どもへの一定のかかわりを気をつけてくださっているようで、提案できる可能性もあるかと考えます。

　カンファレンスでは、Ａさんの現状を知る担任等と情報を出し合いながら見通しをつけたり、特別支援の量はどのくらい必要か、合理的配慮要請につなげることが望ましいか等含め、検討をしていくことが必要と思われました。

　また、一定の学校側での見通しを保護者と共有するために、保護者のご希望や考え方に沿った提案の仕方やコミュニケーションの取り方についても検討することを要すると思われました。

Column 6

ある秋の日の
カンファレンス

　校長先生はオブザーバーという形で、運営は特別支援教育コーディ
ネーターが中心となり、参加者は担任を含む学年の先生と養護教諭、ス
クールカウンセラーと心理士の計8名でカンファレンスを行いました。

　場所は校長室の会議テーブルでした。まず、特別支援教育コーディ
ネーターが司会の挨拶をし、次に担任がクラスの生徒Aさんを巡回相
談の対象に選んだ経緯について話しました。そして、心理士が意見を求
められました。

　「普段の様子と比べて今日はどのような感じでしたか？」

　心理士が見ている場面は限られていること、担任から見たAさんの
姿について心情も含めもう少し知ってからフィードバックをしたいこと、
心理士以外の他の参加者も同じ情報を聞いて元々のカンファレンスの目
的を確認し共有したいことなどが、心理士から担任への質問の狙いです。

　また、心理士の質問に対して担任がどのように答えるか、その様子を知
ることで、その後のこちらのフィードバックについて厳密に受け取るか、
きっかけの一つとして受け取るか、その反応の仕方の一端を判断できるか
もしれません。カンファレンスの時間は限られているので、まず全体の時
間の使い方を最初にイメージして工夫すること、早い段階で学校現場の声
を引き出すこと、有効な伝え方につながる情報を得ることが必要です。

　この日は10月で、運動会が終わった後から12月の学習発表会まで
の期間でした。4月からAさんの姿を見てきた担任にとって半年目、A
さんの状況がよくわかってきた頃です。担任はAさんが苦戦する状態
に十分気づき、できる範囲での積極的な声かけもしていました。

Column

6

ある秋の日のカンファレンス

しかし、「困ったら言ってね」と言ってもなかなか自分から援助を求めてくることがなく、自宅では愚痴のようなつぶやきがあることを保護者から聞き、Ａさんとの関係について行き詰まりを感じているようでした。

心理士からの意見としては、まずＡさんの普段よく見る様子を例に挙げて、本人の状況について伝えるところから入りました。

「確かに、トイレに向かったとき、後ろから来たＢさんに幅寄せされて壁に近づき、離れて抜かれたところを笑って追いかけていきました。気になって見ていたのですが、帰りもちょっかいをかけられている様子がありました。苦笑いのような困ったような表情をするだけで明確な反応はありませんでしたね。教室に戻ってからもＡさんはＢさんが友達と遊んでいるところに近づいていきましたが、結局声をかけることなく休み時間が終わりました。今日以外の様子を知らない私には、Ａさんにとっては、関わってくれるＢさんのことが気になるものの、嫌なことをされることもあり『いや』とも言えない様子に見えました」

ここで、学校現場の誰かから発言してもらえるように間をとってみます。参加者が反応しやすいように「確かに」という表現を入れて、担任からの発言を受けているところを示しておきます。

「関わってもらえるのは嬉しい」「気になる」「Ｂさん自体も相手の気持ちの読み取りは不得意」「嫌だと感じることがある」「相手に言うことができていない」「自分からも近くには行く」「仲良くしたいができない」。

Ａさんの心情が共有できるような具体的な事実をもとにして、Ａさんの発達状況を共有します。

この事実に関わるＡさんの発達は、対人興味がないわけではないが自分からきっかけが作れないという段階です。「コミュニケーションのスキルも足りないし、関係をつなげ続けることができない」「困っていることはあるようだが、自分でもなんとなくぼやっとした困り感が初めにきて、はっきり『いや』と感じるには時間がかかっている」「感じたことを学校という刺激の多い中で担任に自分から伝えにいくという行動はまだ獲得できていない」等が伝えられるといいでしょう。

観察から、「Ａさんは生活のことに無頓着さがあり」「学校生活への意

欲はあるが言語で表す力が弱く」「エネルギーはあるが内に向かいがち
で、なお最後まで続けることはできず」「人への感度は強くなく」「身体
への感じ方や操作は不器用で」「全体的な知的な遅れはなさそうで」「一
定のルールを守ろうとする生真面目さはあり」「社会性が低く他者の評
価には感度が高くない」のではないかと予測されます。一つひとつの見
取りは仮説であるため、カンファレンスでのやり取りを通してその都度
修正しながら、より現実的なＡさんの姿に近づけ、より有効なアドバ
イスにつなげていきます。

　他にも、心理士からは、まず今の学級運営の中で担任が行っている支
援には多くの配慮があり、すでに充分、特別支援の手立てが入っている
ことを伝えました。教室が整理されていて「どこで」「何をしたらいい
のか」わかりやすくなっていること、クラスの人間関係や居心地がよく
なるような声かけを意識させる活動を行っていること、自分の学校生活
がより良くなるように目標を具体的に立てられるように援助しているこ
と、ワークシートを使い参加しやすいようにしていることなどの手立て
は、Ａさんにとって安心につながります。

　さらに、今回Ａさんを巡回相談の対象に選んだこと自体が、すでに
彼の苦戦に担任の目が届いているということになり、今日協議したこと
で支援の手がもっと届いていくことにつながるとお伝えしました。

　しかしながら、読み書きの困難があり、学習への意欲が落ちている様
子であることへの担任としての疑問が語られることはありませんでした。
話題として心理士から出してみても、「読むことはできている」「書くこ
とができないわけではない」「ついてやればできる」などの反応であっ
たため、心理士から気になる点として話題提供をするにとどまりました。
物の管理については、定期的に道具箱の整理をする事など、次の目標に
ついて提案を行いました。

　その後、援助要請スキル不足や、運動動作や感じ方の課題、コミュニ
ケーションの練習についても自立活動の教育課程の範囲で指導すること
が可能で、そのために特別支援教室を利用できる点も留意いただけるよ
うにお伝えをし、カンファレンスは終了となりました。

Column

6

ある秋の日のカンファレンス

学校現場で
心理士の力を
最大限活用する
には？

　支援が必要な子どもをサポートするには、専門家の力を最大限活用する必要があります。

　特別支援のための巡回相談（9、65 ページ参照）もそのひとつです。巡回相談の制度がない自治体もありますが、その過程で浮かび上がる疑問や環境には、サポートにまつわるヒントが多く隠れていそうです。**巡回相談を行う心理士**の皆さんにお話を伺いました。

座談会メンバー
プロフィール

青島芳子　公認心理師（認定専門公認心理師）、学校心理士、臨床発達心理士、公立学校スクールカウンセラー、巡回相談員、筑波大学心理・発達教育相談室非常勤相談員。

板垣市子　公認心理師、ガイダンスカウンセラー、学校心理士、SGE 公認リーダー、STEPSTEP/Teen リーダー、山形県スクールカウンセラー、巡回相談員。

伊藤なおみ　公認心理師、学校心理士、ガイダンスカウンセラースーパーバイザー。山形県スクールカウンセラー、筑波大学心理・発達教育相談室非常勤相談員、巡回相談員。

小川水菜子　公認心理師、臨床発達心理士。巡回相談員、筑波大学心理・発達教育相談室非常勤相談員。筑波大学附属聴覚特別支援学校及び東京都スクールカウンセラー、児童発達支援センター。

相樂直子　博士（カウンセリング科学）、公認心理師、学校心理士スーパーバイザー、養護教諭専修免許状。小・中高校の養護教諭を経て 2019 年より宮城大学准教授と東京都スクールカウンセラーを兼務。

日野雅子　公認心理師、学校心理士、特別支援教育士、中学校・高等学校教諭免許状。東京都・埼玉県で特別支援教育の相談員、巡回相談員として勤務。

松井友子　学校心理士、特別支援教育士、筑波大学心理・発達教育相談室非常勤相談員、巡回相談員、NPO 法人発達障害支援ネット YELL 理事長。

宗形奈津子　博士（心理学）、公認心理師、臨床心理士、学校心理士、臨床発達心理士。明治大学兼任講師、武蔵野大学大学院非常勤講師、千代田区巡回アドバイザー・就学支援委員。巡回相談員。

三井菜摘　191 ページの著者略歴参照。

支援者の名称はさまざまだが学校運営に欠かせない存在

三井 日々、いろいろな問題や課題に直面していますが、そもそも自治体によって名称や制度自体に違いがありますよね。職の名称だと東京都では特別支援教室の巡回を行う心理士のことを「巡回相談心理士」と呼びます。業務内容に近い名称としては、特別支援のための「巡回相談」が一般的ですよね。

相樂 制度についても確かにそうですね。私は東京都及び東京都以外の自治体でスクールカウンセラーをしているのですが、東京都は特別支援教育に対しての予算が潤沢だと感じます。

日野 特別支援のための巡回相談がない自治体に比べると都は制度としては非常に充実しています。ただ必ずしもそれが正解ということにはなりません。地域に合った形や取り組みが必要ですし、向き合う子どもは一人ひとり違うので、単に巡回相談があればいいというような簡単な着地にはなりませんよね。

三井 都には巡回相談だけでなく、特別支援教室の円滑な運営に必要な業務や事務処理を行う特別支援教室専門員という役割も存在します。これは都独自のもので、ほかの自治体にはありません。他にも名称は自治体によってさ

まざまですが、いわゆる支援員は学校運営に欠かすことのできない存在として確立されつつあります。このように自治体によって、子どもや学校を取り巻く環境、そして特別支援教育への取り組みには、違いがあるというのが大前提です。このため、学校側からの質問や相談も多岐にわたっています。

青島 質問や相談はさまざまですが、発達特性のある子どもたちが「鉛筆の持ち方」と「正しい姿勢で座る」、「集中して授業を受ける」というような学習のベースとなる力が身についていない、というケースは比較的多く見られます。指導の参考になるように、特別支援教室の教員に写真入り資料を見ていただいています。

相樂 授業中に落ち着かない、飛び出してしまうという子どもに対して、学校側から「原因は○○です」という明確な答えを求められることもあります。しかし、実際には行動の背景要因は複合的で端的に答えるのは難しいというのが現状です。

小川 担任の先生や特別支援教室の巡回指導教員には、いま行っている指導が正しいのかと聞かれることがあります。そんな時は、巡回の観察から、先生方が工夫されていること上手くいっていることなどをフィードバックしながら、もう少し子どもたちに対してこういう関わりがあるといいですね、などと具体的に提案していきます。また、ご家庭との共通理解を得るための伝え

座談会

方や体制作りのアドバイスを求められることもあります。対象の子どもだけでなく先生方に対する助言も巡回相談の重要な役目だと考えています。

日野　質問や相談の内容から、学校や先生の知識に大きな差を感じることもあります。例えば、WISC（105ページの説明を参照）の読み取りに関するアドバイスを求められる場合もあれば、WISCの読み取りについてはできていて、より専門的な質問を受ける場合もあります。

質問や相談にはどのように対応している？

三井　一筋縄ではいかない質問、そして相談にどのように対応しているのでしょうか。学習のベースとなる知的能力の問題、行動面の課題にまつわる問題、複雑化する子どもの見立ての問題と３つのケースに分けて解決策を教えてください。

松井　学習のベースになる力の問題については、日々の継続した練習で改善していくこともあります。例えば、手先の不器用な子どもの場合、指を一本一本、独立して動かすことが苦手です。運筆がうまくいかない、ハサミの使い方がぎこちない、衣服の着脱にも時間がかかるなど、学校生活のいろいろな場面で、苦戦することになります。解決策としては、鉛筆に装具をつける、

音楽に合わせて指の体操をする、おはじきなどの指遊びを取り入れるなど、無理なく練習できる方法を考えます。

宗形　授業中に落ち着かないなど、行動の課題については、大人が無意識にご褒美を与えていないかを見るようにしています。例えば、教室から飛び出した子どもがその先でどんなことをしているかを知ることは重要です。先生が追いかけてくれることが子どもの楽しみになってしまうことがあるのです。先生が何をやめて、何をするとよいのかを具体的に助言するようにしています。

相樂　行動面の課題に、愛着の問題が関係していることもあります。親との関わりが少ない、構ってもらえないなど家庭要因との関わりが深い部分です。保護者に余裕がない場合は、担任、支援員やスクールカウンセラー、養護教諭など、子どもの周りにいる大人が総出で連携して、フォローアップするという取り組みも効果がありそうです。

小川　基礎的なことをていねいに教えたり、子どもの面倒を充分に見られない家庭がダメと切り捨てずに、保護者の相談にのるなど、家庭と協力してやっていく姿勢は必要ですよね。

日野　支援が必要な子どもの見立ては、さらに広がりを見せています。なかでも感覚過敏は風で産毛が逆立ち、痛いから外に出たくない、チクチクするから体操服が着られない、周りの声

すく、昨日は調子が整わなかったが、今日は安定しているということが起こりうるので、わがままと誤解されることもあります。

関わる人をつなぐ通訳としての役割を果たすことが重要

三井 保護者をはじめ、先生や支援員など、子どもを取り巻く大人たちの共通理解を図ることは、巡回相談の大きな役割とも言えるかもしれませんね。

宗形 学校では困った行動がありますが、家ではそんなことはまったくない、というような場依存的な子どもについて、保護者と学校がそういったくい違いに悩んでいるという現状は、よく見受けられる課題のひとつです。これも共通理解がされていないために起こります。

　しかし、先生と保護者がいくら話し合っても、どうしても真意が伝わらないケースが少なくありません。そこで巡回相談員は、関わる人たちをつなぐいわば通訳者としての役割を果たすことに重点を置くことがあります。保護者を交えた話し合いの場では、まず子どものよいところを伝える。その上で学校で起きている子どもが苦戦していることを伝えるようにします。集団と

が騒がしくて教室にいられないなど、子どもによっては他人に想像し得ないことに苦しみや辛さを抱いていることもあるので、まずはそれを知ってもらうことが大切です。理解を促すために、高橋・増渕（2008）の論文（★）にある項目の一部を紹介して、どんなことを不快に感じるのかを知ってもらうようにしています。

　ただ、感覚過敏はある程度の経験値がないと他者が見抜くのは難しいものです。また、根本的に完治するものではないので、うまく付き合っていく方法を探していく必要があります。精神状態や気圧など天候にも影響を受けや

★　高橋智・増渕美穂（2008）「アスペルガー症候群・高機能自閉症における「感覚過敏・鈍麻」の実態と支援に関する研究：本人へのニーズ調査から」東京学芸大学紀要, 総合教育科学系, 59, 287-310.

座談会

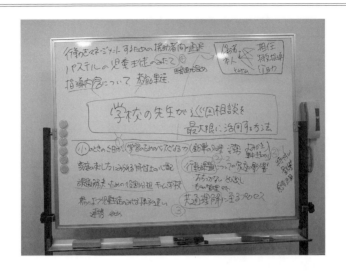

家との行動の違い、それに対する先生の支援や声かけなど学校での対応も含めて具体的に解説すると、保護者も「なるほど」と納得してくれることが多いのです。本人も誤解しやすいし、相手からも誤解されやすい、その誤解がどうして起こるのかを解説することが、保護者との共通理解の第一歩ではないかと思います。

松井 校内の先生同士の子どもへの支援の共通理解も大切だと思います。子どもに対して効果的な支援を継続することはとても重要です。しかし、学校はクラス替えもあるし、担任が継続するとも限りません。そこで支援シートなど、子どもへの支援の記録をきちんと残し、次の支援に活かしていく配慮が必要になります。記録がいつでも見られる状態に整理してあって、子ども

の実態に合わせて長期目標や短期目標が適切に修正されていくことが効果的な支援につながると思います。忙しい先生がそこまで手が回らないということもあると思うので、巡回相談のなかで、今までの支援シートを活用しながら、これからの支援を一緒に考えるのも有効だと思います。

相樂 特別支援教室ではできるけれど、通常の学級ではできない、これは巡回相談のなかでよく耳にする話です。この解決の糸口となるのが特別支援教室の教員と担任の先生との共通理解です。特別支援教室で行っている指導を担任の先生にシェアする機会って、結構少ないんですよね。誰がその役を担うかは学校によっても異なりますが、例えば特別支援教室のリーダーの先生が橋渡し役になるというのは、

ひとつのモデルケースになりそうです。

青島 巡回相談を行う心理士としても、特別支援教室の教員と通常の学級の担任が子どもの状況と指導法を共通理解して、特別支援教室での取り組みが通常級でどのように活かされているか、参観して確認していくことが大切です。

板垣 相樂先生の話ともつながりますが、特別支援教室と通常の学級、それぞれの先生とそれを支える支援員との共通理解も大切だなと感じますね。例えば子どもが教室から飛び出していった場合、担任の先生から連れ戻してほしいと言われれば、支援員は子どもをなんとかして連れ戻そうとします。でも力づくで連れ戻す以外にも方法はたくさんあるんですよね。子どもが納得をして教室に戻ることは、自主性を育てるチャンスでもあります。そんな子どもと向き合う姿勢にも共通理解が必要です。

伊藤 こうやって子どもを中心にいろいろな人が関わり、ともに考え、共通理解を育んでいくことは、特別支援のみならず、教育そのものの意義にもつながりますよね。特別支援教室で行われている面白い授業やゲームを、通常の学級でも試してみる、そんなボーダレスな取り組みをアドバイスすることもあります。関わる人たちだけでなく、指導法の共通理解はこれからより重要視されるのではと思います。

巡回相談を行う心理士を最大限活用するために何が必要か？

三井 ユニバーサルデザインによるクラス作り、そして授業作りが求められる今、巡回相談の幅は以前よりさらに広くなっています。一方でどんな風に巡回相談を活用したらいいのかわからないという悩みも学校や先生から聞かれます。学校現場で巡回相談を行う心理士の力を最大限に活用するためには、何が必要でしょうか。

日野 学校内でまず、どの子どもがどんなことができ、どんなことが苦手なのか、現状を整理できていると具体的なアドバイスにつながりやすいですよね。

青島 同時に、「巡回相談を行う心理士にできること」を、わかりやすく先生に伝えることが重要です。

伊藤 その点で言うと学校側の意識を高める工夫も必要ですよね。窓口になる先生によって活用のされ方が違う現状もあるので、そういう意味では行政レベルで担任の先生だけでなく、校長など、学校運営の幹部に対しても周知していただく手立ても必要なのかもしれません。

小川 巡回相談を行う心理士が保護者との話し合いに同席できるなんて知らなかったと担任の先生に言われたことがありました。管理職と特別支援教育

コーディネーターとの打ち合わせで、このケースにはこのような形でも関わることができますと業務の種類についてお伝えしたこともあります。学校側には巡回相談がどんな仕組みで、どんなことができるのかをシェアしてもらえるとうれしいです。

青島　それから、保護者、先生、支援員、そして私たちのような巡回相談を行う心理士など取り巻く大人は、主役である子どもを中心において、温かい眼差しで支援することが大切です。

板垣　そうなんですよね。子どもがどうしたいのかをきちんと聞く、子どもにきちんと向き合う、そんな子どもを尊重する姿勢を意識すると見え方もぐっと変わるような気がします。

相樂　発達特性は十人十色、つまずきは誰にでも起こりうるものです。障害の有無にかかわらず、子どもの抱える課題解決に、巡回相談と、それを行う心理士を上手に活用してもらえるといいのかなと思います。より気軽に、日常的に質問してもらえるといいですね。

松井　窓口になる特別支援教育コーディネーターや特別支援教室専門員だけでなく、日々支援に悩む担任の先生に気軽に話しかけてもらえる雰囲気を作りたいです。

宗形　どの学校にも、誰にも気づかれずに、困っている子どもたちがいると思います。もし、巡回相談員に何を伝えればよいのかわからないときは、子

どもの絵や作文などの作品を見せてくださると、子どもの困難さに早期に気づく助けとなります。

三井　支援が必要な子どもたちをサポートすることは、特別なことではありません。実際にはより多くの人が生きやすい世の中を作ることに通じています。まさにユニバーサルデザインです。昨今、子どもたちの生きる環境は大きな変化にさらされています。インフルエンザなどの感染症や花粉症など、マスクを使う機会が増え、表情が読み取りづらい等の問題を耳にすることも増えました。

しかし、時代の変化は誰にも止めることができません。役割や役職、それぞれの立場はありますが、子どもがたくましく成長していくようみんなで手を尽くしていく、この大原則は変わりません。私たち、巡回相談を行う心理士はそのひとつのきっかけとなれるよう学びを止めないこと、そして柔軟に対応していく姿勢が求められているのではないでしょうか。

●

座談会を終えて
ひとこと

青島芳子

学校現場の子どもの様子を
アセスメントし、心理士が
学校に受け入れられ、どん
な支援をすれば、子どもが
たくましく成長できる流れに
乗れるのか、常にアンテナ
を張り巡らし、先生方と実
態を共通理解して、支援し
ていきたいと思います。

小川水菜子

0歳から大学生まで学齢期
全般の子どもの発達に関
わって仕事をしてきました。
社会の流れ、所属する場所、
学校、成長とともに必要な
支援の形は変化します。巡
回は、支援の必要な子ども
たちの今を大切に柔軟に対
応していきたいと思います。

松井友子

発達障害通級指導教室担当
時、困っている子を目の前に
して、担任、保護者と共に
日々の支援に苦戦してきまし
た。悩む先生方の姿は自身
の姿でもあります。子どもの
成長を糧に、共に知恵を出
し合いたいと思っています。

板垣市子

あらためて、どの子も一人の
人間として尊重して対応して
いくことが大切。そうするこ
とが、子どもの生きる力にな
り、将来への生き方につな
げていけると思いました。

相楽直子

個々の子どもたちの特性に
合った多様な学び方が必要
とされていること、そのため
に巡回相談では何ができる
のかを考える機会となりまし
た。子どもたちが学ぶことの
意義を少しでも実感できるよ
う支援していきたいです。

宗形奈津子

発達に凸凹のある子どもの
不適応行動で多くの先生や
保護者が悩んでおり、巡回
相談員への期待を近年ひし
ひしと感じています。巡回相
談員の実力向上が急務と考
え巡回相談に関する研究を
進めたり講座を開いたりして
います。

伊藤なおみ

特別支援教育は特別ではな
く当然の支援教育であり、
個への支援と環境調整の両
面がセットであるという考え
方を広げたいと思っていま
す。また、周囲から気づか
れ難い当事者の困難を理解
しつつ強みを見出すことので
きる人材を増やしていきたい
です。

日野雅子

他職種との連携とともに心
理士同士のつながりもとても
大切だと思います。私たち
は定期的にこうした自主勉
強会をして研鑽を積んでい
ますが、知見をシェアできる
仲間を持てたことを大変あり
がたく、心強く思っています。

三井菜摘

学校生活を通して子どもたち
が生きる力を身につけていく
ために、後方支援を行う立
場の巡回相談員である私たち
は、自らの知識や技術を研
鑽することと同時に、子ども
や関わる大人、そして学校
を知ろうとするまなざしと、
真摯に向き合う姿勢が最も
大切だと感じました。

座
談
会

第 6 章

連携のためのお役立ち 支援ケース集

こんなときどうする？

　支援が必要な子どもたちを「日々支える 学校 の先生、保護者 、サポートする 心理 の仕事、それぞれの立場に役立つ支援ケース」と、「子どもたちのサポートに生かせる支援ケース」を紹介します。

　また、子どもの支援や教育に入る前に意識しておきたい「特別」という発想を変えるポイントを伝授します。

1. 連携する大人たちに役立つ支援ケース集

学校　心理

支援ケース❶　巡回相談のことを学校で知ってもらうには？

小中学校に常駐せず外から訪問し学校への心理的援助サービスを行う巡回相談は、多くの地域で取り組みがあります

「ご案内」プリントの作成例

　正確な名称を
　知ってもらう

　相談例を
分かりやすく紹介

　連携までの流れ・
　ガイドライン

が地域ごとに名称が異なります。業務内容にも少しずつ違いがあり、どのように連携していったらいいのか、学校側がじゅうぶん理解していない場合もあります。まずは私たちの仕事について知ってもらうことができるように、次のような「ご案内」を

用意し、共有してもらうこともよいでしょう。

　また、同じ学校に複数人の心理職が異なった事業で入っていることがあり、学校内で使い分けをしていることもあります。校内への周知にはどのような「ご案内」が適切なのか、特別支援教育コーディネーターを中心に確認しながら決めていきましょう。

学校

支援ケース❷　巡回相談日までの準備

　この事前準備の状況によって、支援のための観察の質や量に違いが出るため、巡回相談員を活かすためにも、教職員はしっかり行っておく必要があります。特別支援教育コーディネーターが中心となって行うことが多いですが、巡回相談時に、特にどの学級、どの子どもたちを見てほしいのか、学校内で事前に相談して決め、担任のニーズを中心に計画すると、準備はよりスムーズとなります。

【準備しておくこと】

①前後左右を明確にした座席表やタイムスケジュールを示したもの、特に見てほしい児童生徒の資料などの準備
②児童生徒の普段の様子や読み書きの習熟度などがわかる情報量の多い掲示にしておく
③心理職が観察を行う授業を、課題の見えやすい内容や時間帯に設定する。1時間の間に複数の教室を見るようであれば、事前に場所と対象児を確認するか、学校側の誰かが観察に同伴する。
④カンファレンスの時間を、各教職員のスケジュールと合わせる

学校　心理

支援ケース❸　心理士の勤務開始日までの準備

　学校の日常生活は続いていますが、巡回相談を行う心理士は、毎日異なったところで仕事をしています。巡回に訪れた日は、日々に追われる教職員から、タイムリーな学校の状況をできるだけ聞き取りながら、学校の目的に沿って巡回相談を活用してもらえるように事前にしっかりと準備をしていきましょう。

　事前の学校側の連絡役は副校長や特別支援教育コーディネーターであることが多いです。このとき、来校日時の知らせだけの学校もあれば、タイムスケジュールや支援の予定される学級や児童生徒についての情報提供がある学校もあります。

【準備しておくもの】

①名札：学校指定のものがある場合はそちらを持参します。

②上履き・筆記用具等：使い慣れたものを持参しましょう。

③スケジュールが把握できるもの：次回以降の巡回予定を調整するために使います。

④給食費：地域によって異なります。細かい金額の場合もあります。スケジュールに入っている場合は事前に確認し、可能な範囲で準備していきましょう。

⑤その他：参考になりそうな資料等。

＊個人情報の持ち出しはしません。基本的には学校側が用意した記録用紙を使いますが、この記録を持ち帰ることはできません。

心理

支援ケース❹ 検査の読み取り方

教育支援センター等でとった『WISC- Ⅴ 知能検査』の結果を保護者が学校に持参することがあります。心理士に検査結果を読み取ってほしいと特別支援教育コーディネーターから依頼されることもあるでしょう。

報告書の形態は作成した機関ごとに異なっていますが、ここでは日本文化科学社の「WISC- Ⅳ 検査結果報告書」を例に紹介します。

① 「全検査 IQ（FSIQ）」の合成得点を見る。

指標間のばらつきの様子と総合所見を見て、どの程度参考にしてよい数値か読み取りながら、知的発達面での範囲を把握する。

② 「各指標の合成得点」を見る。

それぞれの指標の値と指標間の得意不得意のばらつきを見る。総合所見をよく読んで、指標内の各下位検査間に差があるのか、どのようなばらつきなのかを把握する。

③ 「支援の方針と内容」を読む。

現在の学校で可能と考えられる具体的な支援について例を挙げて説明できるようにする。

【参考】WISC- Ⅳ 検査結果報告書（見本）

支援ケース❺　学級運営にトラブルを抱えた担任とのカンファレンス

　学級運営がスムーズにいっていない学級の担任は日々大変なストレスにさらされています。また、それはその学級の子どもたちも同じです。少しでも居心地のよい空間とすることを考え、できることをともに探っていきます。

学校運営そのものがうまくいっていない場合⇒

- ・担任の話をていねいに聞き、心身の健康状態や今後の学級運営に関する見通し、事務作業量、周囲への援助要請などの面で、できていることを確認する。
- ・教職員にていねいに話を聞き、学校全体のチームワークや担任が孤立していないかを確認する。
- ・巡回相談の場で共有された担任の新しい取り組みに「チーム学校」として応援することを学内に周知する。

担任と子どもたちの関係性にトラブルが多く見受けられる場合⇒

- ・担任と子どものかかわりの中でうまくいっているところを拾い集めて伝え、そこを中心に手立てを組み立てていく。

子どもたちやその関係性にトラブルが多く見受けられる場合⇒

- ・協力の得られそうな児童生徒の見極めと関係づくりから手順を踏んで取り組んでいく。
- ・担任と関係が構築できている安定した行動がとれる子どもを学級内の仮のキーパーソンとする。
- ・担任は、朝学活で子どもたちの名前を一人ひとり呼称し温かい眼差しで視線を合わせることを継続する。
- ・子どもたちのそれぞれの良さを見立てて担任と共有し、良さが見える場面や活動を計画的に用意し、居心地のよいクラスづくりをサポートする。

支援ケース❻　担任と子どもたちの学級目標に
　　　　　　　　へだたりがある場合のカンファレンス

　指導力があり、子どもの力を伸ばすためのさまざまな取り組みに意欲的な担任でも、日常の中での経験が乏しく、また偏りの多い子どもや、体力面・意欲面ともにエネルギー量の少ない子どもが増えてきている昨今、学級運営に不安や焦りを感じている場合も少なくありません。

学級目標をその学級に即した形でより段階的に設定することで、達成できる機会も増え、少しずつ本来の目標へと近づくことができます。多くの子どもたちにとって、手が届くと感じられる目標を設定することが大切です。

段階的な目標設定にすることで達成可能だと考えられる場合⇒

- ・学級目標を分析して目標に近づくためのさまざまなよい行動とスモールステップをイメージする。
- ・学級目標のステップに合う行動を示している子どもの行動を評価し、学級全体で今の自分と次の目標について話し合う。
（例：『協力できる子』⇒他の人の意見に共感を示してから自分の考えを発言する／外遊びで順番を守る等）。
- ・目標の行動について、具体的に「いつ」「どこで」「誰と」「何を」「どのように」行うか、学級全体で相談して設定する。
- ・子どもたちが、自分にとって取り組みやすい行動から、自分で選択して行えるように支援する。
- ・目標が達成できたことを伝えるだけでなく、子どもたちがお互いに評価し合う場を設ける。

目標設定自体を変える必要があると考えられる場合⇒

- ・応用行動分析学（Applied Behavior Analysis：ABA）に基づくポジティブな行動支援（PBS）の考え方を取り入れる。
- ・目標は、今できることに＋αをする形で設定していきながら、30日、半年、1年の積み重ねを予測して設定するとよい。

2. 子どもたちのサポートに生かせる支援ケース集

　子どもたちのサポートは、「場合」や「状況」ごとでなく、まず、すべての子どもの話をていねいに聞くところからはじめることが大切です。

学校　心理　保護者

支援ケース❶　学習に困っている子どもへの対応

　課題をやる気がない、テスト勉強の仕方がわからない、今やっている授業の内容が理解できないなど、それぞれが抱える理由で学習に困っている子どもは少なくありませ

ん。学校は授業の時間が多くを占めるため、そこに困難があると、学校を休みがちになったり、ほかの問題行動につながったりすることもあります。また学習に対して苦手意識があることを自覚していないケースもあります。

①まず、ていねいに子どもの話を聞き、信頼関係を構築します。学習困難で困っていても、「友達が嫌なことをする」「学校がこわい」等の理由を述べて、本来困っていることを認められない場合もあります。その場合でも、まずは子どもが語ることを受け止め、その上で、他にも困っていることがないかを聞いていくとよいでしょう。

②次に、今できることから関わります。例えば、興味や関心のある部分から少しずつ学習へと結びつけ、よい点を積極的に評価する
　・宿題や課題提出の手助けをする
　・ノートの取り方、テスト勉強への取り組み方など学習のスキルを伝える
……などが考えられます。

③課題のありかをつかんだら、それを精査するために、学力検査・成績・検査（WISC－Ⅴなど）から、アセスメントします。

④その上で長期目標と短期目標を立てていき、必要な支援を提供します。例えば、学習にタブレットなどの電子機器を積極的に活用するなどの支援が有効です。

学校　心理　保護者

支援ケース❷　「読めない・書けない」を考える①

　授業への参加が難しい、学習への意欲が低いなど、子どもたちの学習支援が必要とされるケースの根底に「読めない・書けない」という発達上の困難を抱えていることがあります。これらは、刺激の処理の特徴が関係しているといわれています。

　一般的に発達上の観点から見ると、学習する際は、「書き」を理解したら「音（読み）」も獲得しているはずです。

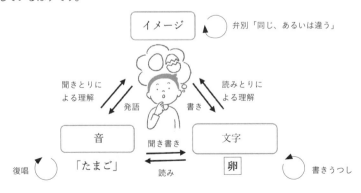

また、例えば、漢字の「卵」の読みを覚えたとしましょう。正しく書けるかは別として、「たまご」と聞くと漢字の「卵」を思い浮かべることができます。

さらに、一方通行の矢印が反対方向の矢印の学習につながるのと同じように、三角形の二辺がつながると残り一辺もつながるといわれています。

しかしながら発達に偏りがある児童の場合、この変換がスムーズにできていない可能性があります。特に自閉スペクトラム症の特性を強く持つ児童の場合は刺激―反応のパターンが一つひとつ独立し、反対方向は別のパターンとして学習する必要がある場合も多いのです。

こういった刺激の処理の特徴は学習効率の悪さにつながりますが、全ての矢印を一つひとつていねいに学習し、網羅していきながら積み重ねていくと、一定の範囲を過ぎた頃からその点については気にならなくなる程度に広がりを見せることもあります。はじめから、できるはずと思い込まずに、発達上の問題によってできない可能性があることを頭に入れてアセスメントを行っていくことが大切です。

学校　心理　保護者

支援ケース ❸　「読めない・書けない」を考える②

書きたがらない、「ツ」と「シ」、「ソ」と「ン」等の区別、促音、撥音、抑音、長音等の誤り、「な」や「ふ」、「飛」「遊」などのパーツの位置やまとまり等、「書き」の困難を感じる児童生徒に出会ったら、まず「読み」ができているかどうかを見ていくとよいでしょう。表現としての「書き」に表れる困難は見えやすく、「読み」は見えにくい特徴があります。発達上の困難において、「読めない」ことと「書けない」ことは一連ではありません。それぞれを別の課題として見ていく必要があります。

まず、「読み」が困難なケースについて学習の場面で考えてみましょう。単語をまとまりとして読むことが困難だったり、文字を音に変換することができなかったり、もしかしたらイメージ化や聴覚記憶の弱さ、行を目で追うなど視覚認知に関する問題なのかもしれません。

「書き」についても、細部への注目が難しい不注意による困難もあれば、目と手の協応や作業動作に見られる協調運動、手先の微細運動など、さまざまなケースが考えられます。また、これらの課題が複合しているのか、原因を見取ることは学校現場では現状、難しいと言えるでしょう。

しかしながら、日々の学習の様子から「つまずき」の状況を把握し、その子に合ったアセスメント方法を探っていくことはできます。学校で行うべきアセスメントについて整理されている資料をおさえておきましょう。

【参考資料】
「読めた」「わかった」「できた」
読み書きアセスメント活用＆支援マニュアル
東京都教育委員会
平成 29 年 3 月／中学校版：平成 30 年 3 月

支援ケース❹　算数障害のある子どもへの対応

　算数障害は知的障害ではありません。算数は数処理、数概念、計算、そして推論と段階的に確実に習得されなければなりませんが、途中の段階で習得が困難になったり、部分的に習得できていなかったりすることにより起こるものです。子どもが必死に隠したり、時間をかけて自分なりの方法で導き出したりすることで、気づかれにくいという側面もあります。また、おおよそのお金が支払えない、対人との距離感が掴めないなど、生活の中で障害に気がつくこともあります。算数は学習のみならず、生活で必要となるシーンもあるため、なるべく早く支援に繋げていくことが大切です。

①算数のなかでどこにつまずいているのかを知るため、ていねいに観察、聞き取りをします。例えば……
- ・3 は「サン」と読み、数量が 3 の具体物であることが結びつけられない（数処理）
- ・1、2、3、4……と数の順番がわからない（数概念／序数性）
- ・1 は 5 より小さいなど、量的感覚がわからない（数概念／基数性）
- ・小さな数の計算でも指を使っている（計算）
- ・多数桁の計算ができない（計算）
- ・文章題が解けない（推論）

②多くの場合、つまずいているのは部分的なので、そこを補うような形で支援を進めます。例えば……

〈数処理・数概念の指導〉
- ・数字カルタ遊び……1 〜 10 までの数字カードを見て、「さん」と言われたら「3」のカードを取る。
- ・すごろく遊び……1 の目が出た時よりも、6 の目が出た方がたくさん進めてうれしいなどの経験を積む。
- ・数合わせ……中が見えない箱の中にビー玉を入れ、数字が書かれたカードを見せたり、数詞を言ったりして同じ数のビー玉を取らせる。

〈計算の指導〉
・10 以下の加減算のつまずきを確認し、「○○　●●●」が「2＋3＝5」であると
　いうように具体物と数字と式を対応させて指導する。
〈文章題の指導〉
・文章題を読んで場面を絵や図にして、そこから計算式を立てる指導をする。

支援ケース❺　問題行動を起こしている子どもへの対応 （問題行動の機能分析）

　学校現場で子どもの問題行動（飛び出す・蹴る・たたく・暴言など）が人間関係
や集団生活の混乱を引き起こしている場合があります。そのような時、教員は毎日その
問題行動に困り果て、どのように解決をしたらいいのか悩んでいます。このような問題
行動の解決を支援するために、大切な考え方と手法があります。

　まず、問題行動にさらされて疲れた担任の心労に対し労います。問題行動を起こして
いる子どもは誰かを困らせようとしてその行動をしているのではなく、子どもなりの行動
する意味（機能）があって行っていることを確認します。子どもなりの行動する意味（機
能）を見つけるために、行動の結果、子どもがどのようなメリットを得ているかに注目
します。
　得られるメリットには主に「獲得」と「回避」があります。「獲得」は、注目を得る
ため・欲しいものや活動を得るため・暇な時間を過ごすための刺激を得るために行われ、
「回避」は、要求や指示を避けるため・嫌な活動や人から逃げるために行われます。
問題行動の解決は個人の尊厳を一番に考慮し、環境調整から入ります。「獲得」を目
的とする行動への介入は、毎朝一声かける・友達と二人で登校するなど、ほどよく注
目や社会の関わりの刺激があるよう計画します。「回避」を目的とする行動の介入は、
課題をスモールステップで提供します。その上で問題行動の後にはメリットが伴わない
ように対応します。また、適切な行動でメリットが得られるようにもします。
　手立ての工夫は、同じ行動する意味（機能）を持つ行動を同時に減らします。同じ
行動でいくつかの意味（機能）を同時に表している場合は、異なった意味（機能）の
行動は減少せずに残ります。

支援ケース❻　困っていることに気づけない子どもへの対応

　困ったときに、周りに必要な助けを適切に求められるということは、大人になってからの生活を考えても非常に大切な力です。知的に遅れがない子どもたちの中にも援助要請行動を獲得するためにスモールステップを組んで学習を積む必要のある人がいます。援助要請行動を獲得し、使いこなすまでのステップは大きく分けて以下の通りです。

【援助要請までの流れ】

　①自分が今「困っていること」がわかる
　②自分の思い「どうしたいのか」がわかる
　③自分で言葉にする
　④誰に援助を求めるのかを自分で決められる
　⑤自分から行動して相手に援助を要請できる

　自分が困っていることに対し、気づきがないようならば、子どもに呼びかけ注意を引いてから、「〜さん今、困っているよね」と伝えていきましょう。そのもやもやした気持ちが何であるのかがわからずにイライラしたり、課題を途中で投げ出したりしている可能性があります。どうしたいのかがわからない様子の時は選択肢を与え、自分で選ばせるとよいでしょう。

　3つほどの選択肢から選ぶことが上手になったら次に、選択肢の中に「その他」を設けて幅をもたせ、できるだけ本人の自由な思いを大切にします。思いを「選択」して示す段階で、言語化するスキルについては、練習をしていても、自分が困っていることを「聞いてわかる」のと「自分の言葉で言える」との間には大きな開きがあります。聞いてわかったものを自分の言葉で確認できるようにできるだけ復唱させましょう。援助を求める先は、友達や担任、養護教諭や心理士など、身近な人々を本人に示して選択させましょう。

　伝える相手を決め、その内容を整理できたら、次は伝えるタイミングを一緒に探っていきます。　まず、相手の近くに行き、次に注意を引き、そして伝える。この順番で行うとよいと伝え、サポートしましょう。一人で伝えることができるか、一緒に伝えてほしいかについても選択させてみることをおすすめします。慣れないうちは、相手にも聞き取りの準備をしてもらう必要があるかもしれません。おそらく本人は非常に緊張しています。慣れないことをするのは、どんな時でも大変です。うまくできたら共に喜び、負担が強くなりすぎないように十分に意欲を支え、可能な範囲で取り組むことが大切です。

支援ケース ❼　不登校の子どもへの対応

　ひとくちに不登校といっても、集団に適応しようとすることに疲れてしまった、授業についていけなくなった、クラス内で疎外感を抱いている、朝起きて出かけるまでの家庭の支援が受けられないなど、原因はさまざまです。さらに感染症の流行や災害、家族の事故や病気など、心身ともに今までにはないストレスがかかり、登校へのタイミングを失うケースもあります。

①登校できない子どもの話や言い分をていねいに聞きます。その際、教職員が子どもと向き合うときに注意することなどを、ともに考えます。
②本人の心身の負担がどこにあり、どのように対応するか見取り、状況に合わせて例えば次のように対応します。
　・登校できるだけのエネルギーが貯まるまで一旦休養する
　・相談室登校や保健室登校を促す
　・登校後に体調が悪くなった場合、保健室で休む・早退をする等、教室から無理なく抜ける体験ができるようにする
　・登校が難しい場合は、担任（または児童生徒指導専任教諭）と一緒にSC（スクールカウンセラー）も家庭訪問をする
　　……など。
③家庭との協力も欠かせません。
　・定期的に保護者面接をする
　・保護者面接はできるだけ継続し、保護者の心に寄り添う
　・対応法を話し合い保護者の精神的な安定を図る
　　……などの方法でじっくりと関わりましょう。

支援ケース ❽　ゲームや情報機器依存の子どもへの対応

　GIGAスクール構想の推進などにより学校教育にも多くの情報機器が活用されるようになってきました。一方、1人が1台スマートフォンを持つ時代とも言われる昨今、情報機器との付き合い方に困難を抱えている子どもは多く見受けられます。宿題や課題との両立に困難を抱えるケース、さらには日常生活が送れないほどの状況に陥るケースもあります。

①ていねいに話や言い分を聞き、解決の手助けとなる方法について考えます。

②まず、情報機器は必需品であることは認めつつ、自分が触れている時間がどのくらいの量なのか理解できるように、例えば使用時間をスマートフォンの画面上で示すようにします。

③あらかじめ決めておいた時間になっても情報機器を手放せないなど、コントロールが効かなくなっているか、医療機関の利用も含め判断します。

④情報機器に触れない日を設定することを検討します。情報機器を一定期間、保護者が預かる場合の対応をともに考えましょう。

⑤ボードゲームや外遊び、自然との触れ合いなどをともに体験しましょう。

学校 | 心理 | 保護者

支援ケース❾　ヤングケアラーと思われる子どもへの対応

　家庭において、家族の世話や病人を看る、介護するなど、本来大人が担うと想定されているケアを引き受けている子どもたち（ヤングケアラー）の存在は、現在社会問題のひとつとして、ニュースや新聞でもたびたび取り上げられています。子どもたちにとっては日常的に続くことで、それが当たり前になっており、自覚できていない場合もあります。また家庭内のことで、外側からはなかなか見えづらい部分もあります。

・ていねいに話や言い分を聞き、受容したのち、子どもの日常生活をアセスメントする
・家事や家族の世話を具体的にどれくらいしているのかを聞き取り、共有する
・登校できたことをエンパワーメント（勇気づける、支える）する
・教職員や福祉関係機関と情報を共有し、子どもの負担が軽くなるよう努める
・介護ヘルパーや家事支援などの福祉制度を活用し、学校と家庭の連携も取れるようにする
・日常的に対応をしている教職員（養護教諭など）を労う

学校 | 心理 | 保護者

支援ケース❿　学校での不祥事や教職員が信頼を失うような行為があった場合の対応

　学校の教職員に対する信頼が揺らぐ事態は、成長過程にある子どもの心に非常に大きな影響を与えます。絶対に安全だと思っていた「学校」に対し不信感を抱くことも懸念され、不登校にもつながりかねません。一度失った信頼を取り戻すことは容易ではありませんが、学校が安全安心な場所であるという認識が子どもたちのなかで、いち早く取り戻せるよう、ていねいに話を聞き、関わっていく必要があります。

- 学校の教職員との信頼関係が壊れたときの悲しさや怒りの感情を受けとめる
- 心理教育と個別のカウンセリングにより今、心身に出る反応は自然な反応であることを伝える
- 学校の取り組みを安心して受け入れられるよう、サポートする

学校　心理　保護者

支援ケース⓫　いじめを受けていると考えられる子どもへの対応

　いじめ問題は教育現場で長く続く課題のひとつです。法律上で「いじめ」は、いじめ防止対策推進法上のいじめ、民事上の損害賠償責任が成立するいじめ、犯罪に該当するいじめ、の3種類があります。行為の存在と被害者の心身の苦痛が確認できれば、いじめ防止対策推進法では「いじめ」です。年々深刻さが増しています。外側からはわかりづらいいじめや集団の中で日常的に行われるいじめも多く、誰かに相談することへの強い抵抗感や恐怖感も否めません。

①校内を巡回しながら、ふざけ合っている子どもの様子などを観察して、気になる子どもの様子を教職員と共有します。また、いじめ防止月間などにアンケートをとって状況をできる限り把握します。
②教職員と情報共有することで、ニーズのある子どもがカウンセラーとつながる機会を作ります。
③いじめを訴えた勇気を労います。次に、心身ともに傷ついたことを聞き取り、その傷が回復するまで休養をとることができるよう環境を整え、カウンセリングを継続して行います。
④いじめ対策委員会などに参加し、継続的に子どもの声を聞きながら、教職員と見守る姿勢を周知します。いじめを行っている子どもも支援の対象であることを学内で共有し、見守っていきます。

学校　心理　保護者

支援ケース⓬　虐待や家族間の問題に苦しんでいる子どもへの対応

　虐待など、家族間の問題を子ども自身が周りに相談するのは非常に困難なことです。また、状況が把握しづらく、介入の仕方によっては最悪の事態につながりかねないため、慎重に関わっていく必要があります。

①子どもの話や言い分を聞き、実態を把握します。

②その上で、学校から児童相談所などの専門機関に通報し、虐待の有無についての判断を求めます。心身の安全面に影響する場合は医療機関とも連携する関係機関や、地域のソーシャルワーカーや関係機関との情報共有を密に行い、対応を連携します。
③ケース会議を定期的に実施し、役割に応じた対応の見直しや検討を行います。

学校　心理　保護者

支援ケース⓭　自傷を行う子どもと向き合う際に気をつけること

　自傷は、体の痛みより耐え難い心の痛みがある、体を切ることでつらい思いが切り離される、自分の苦痛を周囲にわかってほしいなど、自分の心の苦しさを何とかしたくて行われる行為です。自傷したくなるほどつらい気持ちを抱え込まず、生き続けられるように対応します。

　見える傷の背後にある見えない傷を考えます。問題の本質が家庭にあるケースも多く、行為の背景への配慮も重要です。

①子どもたちが自分の気持ちに気づいて表現できるように、話を根気強く聞くことでつらさを共有します。
②心に負った傷について話すことができるような環境を整え、カウンセリングを継続します。
③本人の了解のもとに、学校と情報を共有し、本人の理解者を増やしていきます。
④子どもが友達の自傷の傷を見つけたとき、深刻な問題を友達が抱えていると気づき（Acknowledge）、その友達には助けが必要と伝え（Care）、その友達を信頼できる大人、先生・SC（スクールカウンセラー）につなぐ（Tell）ようにします。
⑤毎朝の健康観察を継続し、傷の手当ても大切にして見守る体制を作ります。

学校　心理　保護者

支援ケース⓮　「死にたい」と言われたときの対応

　「死にたい」ほど、つらい思いを抱えていると、そのままを受けとめます。受けとめる側が安定していることが大切です。

　TALK の原則に従って対応します。

Tell：心配していることを言葉に出して伝える。
Ask：「死にたい」と思うほどつらい気持ちの背景にあるものについて尋ねる。
Listen：徹底的に聴き役になり、絶望的な気持ちをひたすら傾聴する。助言や叱責

はしない。

Keep safe：その子どもをひとりにせず安全を確保する。

　夜眠れず死ぬことばかり考えてしまい、食べられないなど深刻な場合は、保護者と連携して医療につなげていきます。

学校　心理　保護者

支援ケース⑮　突然の生活の変化で強いストレスを抱えているケース

　昨今のコロナ禍など突然の生活の変化は、これまでに誰も経験したことのないもので、子どもたちを取り巻く環境や心身にもさまざまな影響を与えています。大きな地震等の災害により、今までの生活が維持できなくなったり、さらに、家族の関係性や家庭の状況に大きな変化が起きている場合もあります。普段から、クラス全体の日常の中で、個に目を配り、「おや？」と小さな変化にも気が付けるようにしておくことが大切です。

①子どもの話をていねいに聞き、日々の生活において積み重なる困り感を軽減するよう努めます。
②保護者との面談の機会を可能な限り設けて、状況を把握し、労います。
③学校と情報を共有し、福祉の専門機関や制度との連携を図ります。
④スクールソーシャルワーカーも加わり、学校と福祉が連携して保護者や家庭を支えていきます。

学校　心理　保護者

支援ケース⑯　被災者との向き合い方

　日本各地で災害が起こるたびに被災者も増えています。被災者の中には、周りの人たちにはその事実を知られたくないという思いが強いこともあります。経験から学んでいくだけでなく、個人情報を守り、一人で抱えず、SSW（スクールソーシャルワーカー）、チーム責任者と共有します。適切なガイダンスを行っていく必要があります。

①対象となる子どもをよく観察し、ていねいに話を聞きます。
②支援が必要とされる場合は、カウンセラーにつなげるなど、柔軟に対応します。
③被災者とその家族が周りにその事実を知られたくない場合は、情報の取り扱いや開示などにおいての配慮が必要です。

支援ケース⓱ 外国籍や日本語を理解するのが難しい子どもへの対応

　日本語の支援が必要な子どものもつ背景は多様です。はじめて日本の地を踏んだ子もいれば、すでに日本での滞在年数が長い場合もあり、また、家庭内での言語環境の問題や集団参加の経験、知的な能力や基礎基本の学習状況までさまざまです。そのような子どもたちが、日本の学校に適応するためには、経験から学んでいくだけではなく、適切なガイダンスを行っていく必要があります。

①通訳を介したカウンセリングと必要な支援の明確化を図ります。

②保護者に、支援レベル等の聞き取りを行います。

③学校内に国際教室＊や日本語指導教室がある場合は、積極的に活用するように働きかけます。

　持ち物や時間割、学校・学級のルールなど、学校生活において困った時の対処法が何もわからない子どもたちにとっては、学校でよく使われる基本的な言葉がわかるだけでも、数多く抱える心の負担の幾分かを軽減することができるでしょう。

　文部科学省が管理・運営するサイト「かすたねっと」には、いくつかの外国語で日本の学校を紹介する動画が用意されています。すぐに使えるコミュニケーション補助カードなどの教材もダウンロードできるので、事前に用意しておくとよいでしょう。

＊国際教室…外国につながる子どもたちが生活や学習に適応し、それぞれの力を発揮できるように指導するところ。

【参考】コミュニケーション補助カード（右図）
　帰国・外国人児童生徒教育のための情報検索サイト「かすたねっと」
　文部科学省総合教育政策局国際教育課
　https://casta-net.mext.go.jp/

　また、この情報検索サイトの資料は、日本語の支援が必要な子どもに対してだけではなく、学校生活や日常生活に関するルールの理解に難しさがある新入学児童にも有効です。資料や教材を活用することで、教員からの指示や指導が「わかる」ことが増え、活動に参加できるようになっていくと、学校生活への見通しをもてるようになり、不安の解消にもつながります。

支援ケース⓲　自分の発達特性に気づいている子どもへの対応

　発達特性をもつ子どものなかには、学校生活の中で集団適応に負担を感じていても
そのことを周りに知られたくないという思いから、無理に隠そうとする場合があります。
ありのままの自分を表出できないことで徐々に心に負荷がかかり、それが原因でさまざま
な問題に発展することもあります。周りに合わせることを最終到達点としない関わり方が
求められます。

①本人の思いや考え方をていねいに聞きます。
②集団を俯瞰し、自分ができることとできないことを自己理解できるよう促します。また、
　集団適応に本人がエネルギーを使い果たさないように、そのままの自分を受け入れる
　ことを支え、カウンセリングを継続的に行います。
③自己肯定感や強みの発見につながるような声かけを行います。また、実態を把握して
　配慮するよう教員と共通理解を図ります。
④課題のありかをつかんだら、個別の教育計画などを作成し目標を立てて指導します。
　達成感を本人が味わえるように個別の評価を行い、教材などでも工夫をします。

支援ケース⓳　誰かに相談するアクションが起こせない
　　　　　　　子どもへの対応

　本当に支援を必要としている子どもは、周りに相談すらできない、といった場合も多
いです。支援の方法は数多くありますが、それも相談というアクションがあってこそ、困
り感がある本人のところに届くことになります。どこに相談したらいいかわからない、と
いったことが無いよう、身近に相談場所があることや聞いてくれる大人がいることを周知
していく必要があります。また、目に見えることはもちろん、心に溜まった不快さやイラ
イラといった目に見えない思いは、人に話すことで楽になることもある、ということを子
どもが知り、相談するという経験をすることも大切です。

①入学説明会やPTA総会などで、スクールカウンセラーを紹介します。
②「スクールカウンセラー便り」などのお知らせを発行し、身近に感じてもらいます。
③どのような事例にも共通して、子どもたちが援助を要請するための手立ては必要であ
　るという認識を学校と共有します。
④教員と情報共有しながら支援のニーズのある子どもがカウンセラーとつながるように
　導きます。

支援ケース⑳ 聞き取れない声で話す子どもへの対応
（未就学から小学校低中学年）

　最近は、インフルエンザや花粉症、その他の感染症などで児童生徒がマスクをしていることが増えました。それに比例して発声が不明瞭だったり、声が小さくて聞き取れない子どもも多く見られます。

　大人の口元が動くのをしっかり見る機会が少ない、大きな声を出した経験が少ない、相手意識をもって話す機会が少ないなど、さまざまな要因が考えられますが、経験が乏しいままでは発達が不十分となります。

　声が聞き取れないと、授業中の発言が聞き取ってもらえない、友達との会話の中で話が伝わりづらいなど、学校生活上、不便を感じる場面が多くあります。日常において、子どもたちが積極的に楽しく口を動かしたり、聞こえるように発語したりするような機会を設けてみましょう。

　場面緘黙（かんもく）の児童生徒の場合は、不安と緊張が強くあり、安心して過ごすことのできる環境が整ったその先に、ジェスチャーや言葉によるコミュニケーションがついてきます。不安レベルのコントロールをスモールステップで行うことが重要で、聞き取れない声で話す子どもへの対応とは全く異なります。

①子どもとの関わりやあそびを通した取り組みを考えます。
　・にらめっこ…口の開きや舌を動かす運動、顔の表情を意識して作る練習
　・言葉遊び（例：早口言葉）…発声や口を開く運動、相手に思いを伝える経験
　・伝言ゲーム・指示遊び（例：だるまさんがころんだ）…大きな声を出す練習、集
　　団の中で相手に思いを伝える経験
　……などが挙げられます。

②授業を通しては次のような方法が考えられます。
　・音楽：歌や掛け声
　・体育：掛け声や応援
　・国語：音読（リレー読み・分担読みなど）
　・道徳：ロールプレイ
　……など。

支援ケース㉑　不安や緊張の度合いが高く、学校に馴染みにくい子どもへの対応

　慣れない環境においては、誰でも不安や緊張の度合いが高くなります。一般的に不安感というものは、安全に生きるための防衛反応のようなところがあり、危険ではないとわかると軽減していきます。

　新しい生活が始まる季節、学校での環境も少なからず変化があります。多くの子どもたちは、友達や家族、周りの人たちが安心して過ごしている表情などを頼りにして、その場を「安心できる場」であると認識します。そして、そこで行われている活動をイメージし期待を寄せたりして、「楽しそう」「やってみたい」と活動に意欲的に参加することで、だんだんと新しい学校・学級生活に溶け込んでいきます。

　しかし、そういったイメージを持つことが苦手な児童生徒はどうでしょう。直接体験が無ければその場を知ることができないのです。そのような児童生徒にとっては、恐る恐るでも参加を積み重ねることが大切になってきます。できることやわかることがさらに増えた頃には、だんだん見通しがついてきて、不安や緊張が和らぎ、少しずつ学校生活に溶け込んでいきます。

①わかりやすい指示を提示します。指示は「いつ」「どこで」「何を」「どのくらい」「どのように」行えばいいのか、できるだけ具体物を見せるなどして、視覚的に示します。
②努力目標はスモールステップで少しの反応で達成できる目標から示していきます。課題のスタートに際し、心理的負担の少ない場の雰囲気作りも必要かもしれません。立ち位置ひとつとっても、向き合わず横に並んでサポートする、支援する大人が「今日はこれでおしまいにしよう。頑張ったね」と、子どもに合わせて作業の終わりを決めることで負担の量を調整する、などが有効です。
③リラックスできる時間を大切にします。不安だけではなく緊張の度合いが高い児童生徒の場合、感覚的な過敏さを持っていることもあります。好きな活動をしながらのんびりと過ごすことができる時間も用意してあげるとよいでしょう。

支援ケース㉒　感覚過敏のある子どもへの対応

　視覚、聴覚、触覚、味覚、嗅覚に対して過敏に反応する感覚過敏は、持って生まれたものなので自分では気が付きにくい特性があります。その子どもにとっては過敏な状態が普通であり、ほかと比べる術がないからです。また幼いうちは言語が乏しいことも相まって、表現できず、そのまま成長してしまう例も少なくありません。感覚過敏の子

どもは、常に緊張状態であることから、疲れやすい、頭痛があるなど、身体的に不具合を生じることもあり、その点から発覚することも少なくありません。また、複数の感覚過敏をもつケースもあります。

①感覚過敏のヒントとなる言動に注視します。例えば……

　　視覚……まぶしがる、白への反射を嫌がる、異常な暗さでスマートフォンやタブレットを見る。

　　聴覚……耳をふさぐ、特定の音から逃げる。

　　触覚……抱かれるのを嫌がる、触れられるのを嫌がる。

　　味覚……特定の食物を嫌がる。

　　嗅覚……マット運動のマットなど、特定のものを嫌がる。

　　……などの行動を見かけたら感覚過敏を疑います。

②話ができるようであれば、本人に聞きながら、対応を検討していきます。

　　視覚……光をカットするためのカラーグラスをかける、スマートフォンやタブレットの明るさの設定を調節する。

　　聴覚……耳栓、イヤーマフ、ノイズキャンセリングイヤフォンなどを活用する。

　　触覚……無理に抱かない。子どもと話し合い、触れない程度を共有する。

　　味覚……味が嫌なのか、または噛む行為が痛いのか、細かく分析する。

　　嗅覚……非常にわかりにくいため、ほかの感覚過敏を消去していくなかで見つかることも多い。自分の好きな匂いのものを身近に置いておく。

　　……などの対応方法が有効です。

　学習の遅れが感覚過敏によるものであるケースもあります。特に視覚過敏で文字が読めない場合は、すべての学習に遅れを取ってしまう可能性があるので注意が必要です。

①まぶしがる場合は、座席の配置に考慮します。

②教材に工夫をします。

　例えば、プリントなどの配布物はコピー用紙のような反射しやすいものを避け、見えやすい紙に置き換えるなどして、色下敷きを活用しながら、本人が見えやすい色を探します。触覚に鈍さがある場合は、下敷きを紙やすりのシートに換えるなど鉛筆の動きを感じ取りやすい工夫をします。

3. 「特別」という発想を変える
～子どもの支援や教育に入る前に意識しておきたいこと～

　人間は誰一人として同じ人はいません。みんなが特別とも言えるでしょう。しかし、特別支援教育は「特定の人だけに関係するもの」という印象を持たれがちです。まずは、この認識を変え、子どもという存在と向き合う大人たちが「特別支援や教育の前に意識すべきこと」は何かを考える必要があります。その何かを探るべく、発達障害のアセスメントや支援を幅広く実践・研究している大正大学臨床心理学部臨床心理学科の稲田尚子先生に伺いました。

みんなで行う学校作り・学級作り

──発達障害とはどのようなものなのでしょうか?

稲田　平均的な子どもたちは、日常生活の中で、毎回少しずつ異なる状況や設定で得たり学んだりした情報を、自然に頭の中で統合・整理し判断して行動に移す力を成長の過程で身につけていきます。もちろん、そのなかにもそれが得意な子、不得意な子はいますが、トライアンドエラーを繰り返し、できるようになる子がほとんどです。対して発達障害、なかでも自閉スペクトラム症（ASD）の子どもは、バラバラになっている情報を統合・整理して理解することに難儀するケースが多く、情報処理にとても時間がかかります。このため、先生や支援者が一般的なやり方で、トラブルが起きた時にその都度その都度、対応方法を教えるだけでは、「何度も言っているのにできない」ままになってしまいます。

　学び方が違うので工夫が必要ですし、クラスメイトからの関わりも含め、本人が学べる環境を用意する必要があります。

──具体的にはどんな環境や学び方でしょうか?

稲田　トラブルが起きた後に、その都度、その時どうすればよかったのかを学ぶのではなく、本人やクラス全体が落ち着いている状態で、あらかじめ細分化され、整理された情報を学ぶことで、理解が深まり、生活の中で使える可能性が高まります。例として、ある学校全体でアンガーマネジメントの授業を導入した都内の小学校があります。発達に凹凸のある子も含め、クラス全員が落ち着いている状態で、怒りの感情に気づき、

対処し、敵意的な認知を変容し、適切なコミュニケーションをとるための方法を体系的に学びます。怒り感情のコントロールにニーズがある子どもも、自分に問題があるから特別に学ばなければならないと思うことなく、クラス全体で楽しく学ぶことができます。クラス全体で学ぶことのメリットは、ニーズがある子どもだけでなく全員が情動や社会性について学ぶことができるため、予防的な要素も含まれますし、集団で共有することで、見えない他の人の感じ方や考え方を知り、自分のことや多様性に気づく機会にもなることだと思います。

　また、みんなで学んでいることで、クラスメイトが困っている子どもをタイムリーに助けるシーンが生まれるんです。担任の先生が一人ですべての学級内の出来事に目を配るのは物理的にも難しいですよね。でも、クラス全体で同じことを学んでいるので、日々のクラス運営の中で、ニーズのある子どもの怒りのサインに早い段階で気がつき、学んだ内容やキーワードを使って声をかけてくれる子が現れるんです。徐々にその仕組みができてくると、毎回とはいかなくてもトラブルは減り、クラスは変わっていきます。もちろんその上で個別の支援を必要とする子どももいますが、まずはクラス全体を整えて土台を作り、その上に特別支援を乗せていく、そんなイメージです。

──特別支援教育は、そのネーミングからどうしても特別な人が受けるものという印象を持つ人もまだ少なくありませんよね。

稲田　　特別支援教育は、特別なニーズがある子どもに対してだけ行うものではなく、まずはクラス全体にユニバーサルな支援や教育を提供し、必要な人に個別の支援をトッピングしながら、みんなで築き上げていくものである、そんなふうに発想から変えていかなくてはなりません。

才能の芽を見逃さない

──これからの特別支援教育について聞かせてください。

稲田　　これまでの特別支援教育や子どもたちに対する支援は、足りない部分を補うものがベースでした。こちらは時代とともに進んできている一方で、「その子自身の得意なことを見つける、伸ばす」という視点は、特別支援教育の中では、まだこれからという印象です。

　これは海外の事例ですが、発達障害の子どもが手品を習得することを支援するプログラムがあります。手品ができるようになると他の人に見せますよね。手品は誰もができるものではありません。これが非常に重要で、今までできなかった手品ができるようになったり、それを披露して認められる経験を積むことで自信がつくなど、自己肯定感がはぐく

まれます。苦手なこともももちろんあるけれど、自分はこれが好き！これができる！ということがわかり、それを共有する場所がある、自分を信じられるものがあるということが大事だなと思っています。手品は一例ですが、絵画でも折り紙でも計算でもなんでもいいんです。

——こういった子どもの興味や才能の芽の発掘は、これまでは親に任されていたり、運に頼ることも多かった領域ですよね。

稲田　　学校の先生でもカウンセラーでも学童の先生でも、子どもに関わる大人の誰でもいいんです。求められているのは、苦手を補うことだけでなく、子どもたちの Well-being を高めるという視点です。それは、苦手なことをスモールステップで学び自信をつける、という従来の支援では足りず、本人の興味を理解したり、見つけたり、共通の興味を共有するための機会や場所も必要だと思います。

——親の経済力や格差、取り巻く生活環境にかかわらず、子どもたちがさまざまな経験をすることも鍵になりそうです。

「平等」と「公平」の違い

——子どもたちが自分の得意なことを伸ばすには、ある一定の狙いを持った学びも必要になってきます。これは、目標を持たず、自由に好きなことを好きなやり方で行うこととは異なる刺激になります。しかし、全員でやる、一斉にやる、といった場の設定を嫌がる子もいます。

稲田　　子どもたちに選択権があるといいですよね。注意すべきはその選択肢が「平等」ではなく、「公平」である、ということです。全員が「同じ条件である」ことと、全員に「同じ権利がある」こととは大きく異なります。

　ある保育園では散歩に出かける際、長い距離・中くらいの距離・短い距離と３つのコースを用意し、子どもたち自身がその中からコースを選べるようにしているそうです。それぞれの子どもの体力、その日の体調に合った距離を選択できるので、子どもたちのストレスも少なくなります。さらに次のコース、別のコースを目指してみようという意欲が生まれることもあります。全員で同じことをするのではなく、パターンを用意することで生まれるメリットは大きいです。反面、実際に行うためには人員の確保や配置などの問題で、実践するのが難しいという現状もあり、そこをどう打開していくのかを考えていく必要があります。ですが、すでに実践している園があるということは心強いですよね。

──小学校で取り入れられている「習熟度別の学習」はどうでしょう？

稲田　習熟度別学習は、子どもたちそれぞれの理解度やペースに合っていることが重要でしょう。小学校の習熟度別学習は、まだまだ一定のペースで行われていることが多いかもしれません。日本は、1クラス当たりの人数も多く、発達的なニーズがある子どもたちだけでなく、外国語を母国語とする子どもや情緒の問題がある子どもなど、多様な子どもたちがいる状況のなか、担任の先生方がそれぞれの子どもたちに合った対応がしたくてもできない難しさもあります。AIで自分の習得度に合った問題を出してくれるようなシステムなども開発されており、スクールGIGA構想でタブレットが導入されたことにより、それらがますます活用されていくことが期待されますね。

──幼少期は、生まれた月齢によってもできること、できないことに大きな違いが見られますよね。

稲田　4月生まれと3月生まれでは、成長段階に事実上1年もの違いがあるので、幼いうちの差は特に顕著です。そういう意味では習熟度だけでなく、生まれた月によってのクラス分けなども効果的かもしれません。私立の小学校には1年生の間は4～9月生まれと10～3月生まれでクラス分けをしている学校もあります。また、アメリカでは飛び級、逆に1年就学を遅らせることができるなど、ホームスクールも含め、選択肢が非常に豊富です。こういった取り組みも参考になるところがありますね。

ポジティブな評価システムにシフトする

──学校教育のシステムについて、子どもたちは教育全体を通して、叱られる、注意されることが多いように感じます。

稲田　褒められることやポジティブな評価がなければ、大人でもモチベーションが下がりますよね。子どもも同じです。できたことへの直接的なフィードバック、そして評価システムのわかりやすさが求められています。

──学校現場で、実際にはどのような工夫ができますか？

稲田　個別対応だけでなく、やはりクラス、ひいては学校全体で取り組むことが重要だと思います。子どもたち全員が過ごしやすい環境づくりが基盤となります。
　スクールワイド（学校全体）で、「PBS/PBIS（ポジティブ行動支援）」を取り入れるという方法もそのひとつです。学校にはそれぞれ、例えば"明るく思いやりのある子"といった教育理念がありますよね。その理念を、場面ごとに具体的な行動例で示します。

その上で、理念に叶った行動ができた子どもに「Good Behavior」チケットなどを渡して、わかりやすく伝える取り組みをしている学校もあります。

　さらに、クラスでチケットの枚数を集計し、全校集会などで公開します。こうやって学校全体で取り組むことで望ましい行動が増えていくんですね。目に見える評価がポジティブな形で見え、それが学校で一貫して取り組まれると子どもたちの行動が変わっていきます。

——一方で、クラスや子どもの間で評価を競争させるという方向にもなりかねないですよね？

稲田　子どもたちの興味や感情を競争ではなく、クラスや個々の達成感へとつながるような方向にもっていくのは大人の腕の見せ所かもしれません。先生同士で事前にOK例とNG例を具体的にディスカッションし、子どもたちに具体的な行動例を示しておくなどの工夫が必要ですね。また、個人で競わせるのではなく、みんなで取り組んで、達成できたら学級全体でなにかお楽しみ活動ができるなどの工夫も考えられると思います。

「支援」の主人公は子どもたち

——みんなと違うことへの不安、SNSやゲーム依存、収入格差など、現代社会は問題が山積みになっている状況だと感じます。

稲田　相談内容のばらつきも大きくなり、困っていない子どもはいないと思えるほどです。

——子どもを取り巻く環境は大きく変化していますが、学校現場はどのように対応していけばよいのでしょうか？

稲田　学校現場で「困っている」と言われる子どもには、本人にももちろんニーズがあることが多いですが、実は、周りの大人との関係性や環境など、さまざまな相互作用によって問題が大きくなっているケースが多く見受けられます。困っている子どもを支援するには、まず周りにいる大人、みんなが自分の関わりによってその問題を増幅しているかもしれないという自覚を持つことから始まります。良かれと思ってやっていることが悪影響を及ぼしていることもあります。その子どもの困り感に寄り添うためには、周囲の大人がその問題が起きている仕組みを理解し、まず、周囲が対応を変えることが肝要です。変わるのは子どもではなく、大人や環境、仕組みで、その結果、子どもの行動も変わってくるのだと思います。

──特別支援、そして子どもを支援するとは、どういうことだといえるでしょうか?

稲田　大学での講義の後、ある学生が「支援は、その子ができないことをサポートすることだと思っていたけれど、実際は自立を促すことだと気がついた」と感想を話してくれました。それがまさに答えです。子どもたちは日々、成長しています。大人たちは、手取り足取りすべてのことを先回りしてやってしまいがちですが、それでは子どもは何もできなくなってしまいますし、発達支援ではなく介護ですよね。子どもたちの学びのスタイルを尊重して、できることを増やすこと、そして徐々に彼らからサポートの手を離していくこと、子どもを取り巻くすべての大人はそんなサポートを心がける必要があると私は考えています。

あとがき

　本書を手に取っていただき、またお読みいただきありがとうございます。本書が読者の皆さまの実践に少しでも役立つことを祈ります。

　学校は、文部科学省の新指導要領改訂後まもなくの2020年春、新型コロナウイルス感染症の蔓延を迎え、児童生徒との対話が困難な時期を過ごしました。一時期、多くの児童生徒が学習や遊ぶ機会、様々な社会参加の機会を奪われましたが、何とか日常を応援したいと願う学校現場の皆様に支えられ、児童生徒は制限がある中でも学びに参加し深めることができました。

　コロナ禍を経た社会は、これからも変化し続けることでしょう。Society5.0ではより豊かで暮らしやすい社会を実現するために、誰もがいつでもどこでも教育の場を保障され、活躍できる社会を目指すと言われています。その中で児童生徒に求められる能力は変化していくと思われ、特別支援教育の枠組み自体も形を変えていくかもしれません。

　どのような変化の中にあっても、人は人や社会とつながることで孤立せず適応していくことができます。孤立の不安や不便はストレスとなり、体調不良や過呼吸などの身体症状、いじめや不登校・暴言や破壊などの様々な逸脱行動、自己中心的な思い込みや過度な罪悪感・被害妄想など極端な思想につながります。

児童生徒が、緩やかに、でも社会とつながりながら日々の安心や楽しみ、喜びや期待を失わずに前を向いて進んでいけるように、学校で働く心理士である私たちは、児童生徒一人ひとりの声に耳を傾け、共に歩む「チーム学校」の近くにいて、求められる役割を果たしたいと思います。

　本書は、2021 年春の企画立案から刊行までに 3 年かかりました。長きにわたって、原稿執筆と仕上がりをていねいに支援してくださった東京書籍の金井亜由美氏、サポートくださった編集長の藤田六郎氏に深く感謝いたします。また、座談会で共に学びを深めた仲間である専門家の皆さん、原稿を寄せてくださり日々の仕事の場面でもいつもていねいなアドバイスをくださる専門家の方々にも感謝いたします。

2024 年 1 月
三井菜摘

参考文献

※配列は執筆者（姓名）順（読みの五十音順）。ただし、外国人名は名の五十音順とした。欧文表記の場合はアルファベット順として末尾にまとめた。
※引用文献を兼ねる場合には本書内の掲載頁を［　］で付した。

あ　アウレリオ・プリフィテラ、ドナルド・H・サクロフスキー、ローレンス・G・ワイス編『WISC-IVの臨床的利用と解釈』上野一彦監訳、バーンズ亀山静子訳、日本文化科学社、2012

安部博志「今望まれる『学校力』―教師が協働して授業改善にあたる学校づくり―」『LD研究Vol.21』日本LD学会、2012［pp.178-186］

安部博志『子どもの発達を支えるアセスメントツール』合同出版、2019［p.31］

五十嵐哲也・茅野野理恵編著、秋山緑・飯田順子・相樂直子・杉本希映著『保健室・職員室からの学校安全 事例別 病気、けが、緊急事態と危機管理　vol.1＆2』少年写真新聞社、2017

石隈利紀「スクール・サイコロジストと学校心理学―学校教育への新しいアプローチをめざして―」『教育心理学年報』第33巻、1994［p.33, pp.144-154］

石隈利紀『学校心理学―教師・スクールカウンセラー・保護者のチームによる心理教育的援助サービス』誠信書房、1999［p.22］

石隈利紀「「チーム学校」における心理教育的援助サービス―公認心理師の誕生と学校心理士のこれから―」『日本学校心理士会年報』、2017［p.9, pp.37-48］

石隈利紀・家近早苗『スクールカウンセリングのこれから』創元社、2021

稲垣真澄ほか編『特異的発達障害診断・治療のための実践ガイドライン―わかりやすい診断手順と支援の実際―』診断と治療社、2010

岩瀧大樹・山崎洋史「特別支援教育導入における教育の意識研究―期待される心理職の割―」『東京海洋大学研究報告』2009［p.5, pp.17-27］

上野一彦・松田修・小林玄・木下智子『日本版WISC-IVによる発達障害のアセスメント　代表的な指標パターンの解釈と事例紹介』日本文化科学社、2015

上野一彦「わが国における学校心理学の課題―学校心理士と特別支援教育をめぐって―」『教育心理学年報』第40巻、2001［pp.143-145］

宇野彰・春原則子・金子真人・Taeko N. Wydell『改訂版 標準 読み書きスクリーニング検査―正確性と流暢性の評価―』インテルナ出版、2017

大伴潔・林安紀子・橋本創一編著『アセスメントにもとづく学齢期の言語発達支援』学苑社、2018

小野純平・小林玄・原伸生・東原文子・星井純子編『日本版KABC-IIによる解釈の進め方と実践事例』丸善出版、2017

か　海津亜希子「実践上の課題に対する研究の貢献性―特別支援教育コーディネーターに焦点をあてて―」『教育心理学年報』第44巻、2005［pp.119-125］

海津亜希子『学習障害(LD)のある小学生、中学生、高校生を支援する 個別の指導計画作成と評価ハンドブック』Gakken、2017

海津亜希子編著『多層指導モデルMIM　読みのアセスメント・指導パッケージ』Gakken、2009

笠原麻里・齋藤万比古編『子どもの心の診療シリーズ6 子どもの人格発達の障害』中山書店、2011

加藤博己「小学校においてスクールカウンセラー（学校臨床心理士）が果たす役割」『駒澤大学心理学論集』、2014［p.16, pp.23-28］

株式会社インテージリサーチ　文部科学省委託調査　令和2年度「家庭教育の総合的推進に関する調査研究～家庭教育支援の充実に向けた保護者の意識に関する実態把握調査～報告書」2021［p.69］

河合隼雄著、村山正治・滝口俊子編『河合隼雄のスクールカウンセリング講演録』創元社、2008

北出勝也編著『クラスで楽しくビジョントレーニング 見る力を伸ばして学力＆運動能力アップ！』図書文化社、2017

熊谷恵子『アーレンシンドローム　光に鋭敏なために生きづらい子どもたち』幻冬舎、2018

熊谷恵子・山本ゆう『通常学級で役立つ　算数障害の理解と指導法』Gakken、2018

熊谷恵子・山本ゆう『算数障害スクリーニング検査　適切な学習指導は正確なアセスメントから』Gakken、2023

熊上崇・熊上藤子・熊谷恵子「子どもへの心理検査の結果のフィードバック　実務者への質問紙調査の分析と『学習アドバイスシート』の作成」『K-ABCアセスメント研究』第18巻、2016［pp.79-88］

小池敏英ほか編著『LD児の漢字学習とその支援　一人ひとりの力をのばす書字教材』北大路書房、2002

厚生労働省「放課後等デイサービスガイドライン」2015［p.78］

小貫悟・桂聖著『授業のユニバーサルデザイン入門』東洋館出版社、2014［p.25］

小林重雄・園山繁樹・野口幸弘編著『自閉性障害の理解と援助』コレール社、2003

さ　重村淳・高橋晶・大江美佐里・黒澤美枝「COVID-19(新型コロナウイルス感染症)が及ぼす心理社会的影響の理解に向けて」『トラウマティック・ストレス』第18巻第1号、2020

　　JICA調査研究『日本の教育経験―途上国の教育開発を考える―』JICA緒方研究所、2003[p.47]

　　世界保健機関(WHO)『国際生活機能分類』中央法規、2002[p.101]

　　セリーン・A・ソールニア、シェリル・クライマン『発達障害支援に生かす　適応行動アセスメント』黒田美保・辻井正次監訳、金子書房、2021

た　高賢一「学校心理士の意義と課題に関する考察」『金沢星稜大学 人間科学研究』第8巻第1号、2014

　　高橋智・増渕美穂「アスペルガー症候群・高機能自閉症における『感覚過敏・鈍麻』の実態と支援に関する研究―本人へのニーズ調査から―」『東京学芸大学紀要(総合教育科学系)』第59集、2008[p.159,287-310]

　　竹田契一監修、奥村智人・三浦朋子著、中山幸夫企画製作監修『『見る力』を育てるビジョン・アセスメント　WAVES』Gakken、2014

　　谷島弘仁「教師が学校コンサルタントに求める援助特性に関する検討」『教育心理学研究』第58巻、2010[pp.57-68]

　　月森久江編『教室でできる特別支援教育のアイデア 小学校編 Part 2(シリーズ 教室で行う特別支援教育)』図書文化社、2008

　　東京都教育委員会特別支援教育研究会編『巡回指導職員の支援・指導を利用した校内支援体制づくりの推進　特別支援教育ハンドブック』第一法規、2006[pp.5011-5015]

　　東京都教育委員会「東京都特別支援教育推進計画　第二次実施計画―特別支援教育の充実・発展を目指して―(概要)」2007[p.79]

　　東京都教育委員会「東京都発達障害教育推進計画　東京都特別支援教育推進計画(第二期)・第一次実施計画の策定について」2015

　　東京都教職員研修センター「子供一人一人の『分かり方の特性』を生かした指導法に関する研究」2016[p.30]

　　東京都教育委員会「『読めた』『わかった』『できた』読み書きアセスメント　活用&支援マニュアル」2017[p.167]

　　東京都教育委員会特別支援教室の入退室等検討委員会「特別支援教室の入退室等検討委員会報告書」2020

　　東京都教育委員会「特別支援教室の運営ガイドライン」2021[p.27]

　　東京都日野市公立小中学校全教師・教育委員会、小貫悟『通常学級での特別支援教育のスタンダード　自己チェックとユニバーサルデザイン環境の作り方』東京書籍、2010

　　特定非営利活動法人フトゥーロ(LD発達相談センターかながわ)「自立のためのチェックリスト~LDなど発達に軽度の偏りや遅れがある方を対象として~」2009

　　独立行政法人国立特別支援教育総合研究所編著『学校コンサルテーションブックその1　学校コンサルテーションを進めるためのガイドブック―コンサルタント必携―』ジアース教育新社、2007

な　内閣府「障害者基本計画」2022

　　中村晃士・沖野慎治・小野和哉・中山和彦「発達障害患者における身体化の三重構造」『心身医学』第54巻第12号、2014[pp.1105-1110]

　　信吉真璃奈・高岡佑壮・矢野玲奈・下山晴彦「感覚過敏に困り感を持つ発達障害児・者への支援の現状と課題」東京大学大学院教育学研究科臨床心理学コース下山研究室、2015

は　林照子・高橋登「心理教育的援助サービスとしてのダイナミック・アセスメント―学校教育におけるFeuerstein理論の展開の可能性と課題―」『人間環境学研究』第13巻第2号、2015

　　藤田和弘・石隈利紀・青山真二・服部環・熊谷恵子・小野純平『エッセンシャルズKABC-Ⅱによる心理アセスメントの要点』丸善出版、2014

　　藤田和弘監修、熊谷恵子・柘植雅義・三浦光哉・星井純子編『長所活用型指導で子どもが変わるPart3　小学校中学年以上・中学校用』図書文化社、2008

　　藤田和弘・熊谷恵子監修、熊上崇・星井純子・熊上藤子編著『心理検査のフィードバック』図書文化社、2022

　　ベニータ・レイ・スミス、アリス・スルーキン編『場面緘黙支援の最前線　家族と支援者の連携をめざして』かんもくネット訳、学苑社、2017

　　ヘレン・アーレン『アーレンシンドローム　「色を通して読む」光の感受性障害の理解と対応』熊谷恵子監訳、熊谷恵子・稲葉七海・尾形雅徳訳、金子書房、2013[p.131]

ま　ミシェル・ガルシア・ウィナー、パメラ・クルーク『きみはソーシャル探偵!　子どもと学ぶソーシャルシンキング』稲田尚子・三宅篤子訳、金子書房、2016

　　水野治久「学校心理学に関する研究の動向と課題―援助サービス実践への知見を中心として―」『教育心理学年報』第43巻、2004[pp.126-134]

　　溝川藍・子安増生「他者理解と共感性の発達」『心理学評論』第58巻第3号、2015[pp.360-371]

　　宗形奈津子「特別支援教育の巡回相談員の仕事」株式会社コミコン、2022

　　宗形奈津子・安藤智子「特別支援教育の巡回相談員の役割と能力が小・中学校の管理職・コーディネーターの満足感に与える影響」『学校心理学研究』第19巻第1号、2019

　　森正樹・細渕富夫「特別支援教育巡回相談による個別の指導計画の有効活用の促進―校内研修を通じた学校コンサルテーションの実際―」『埼玉大学教育学部附属教育実践総合センター紀要』第13巻、2014[pp.107-114]

　　文部科学省「新しい時代の特別支援教育の在り方に関する有識者会議(報告)」2021[p.135]

文部科学省「学校・教育委員会向け虐待対応の手引き改訂版」2020

文部科学省「学校教育法施行規則の一部を改正する省令の施行について（通知）」2021

文部科学省「学校基本調査」2015[p.99]

文部科学省「義務教育9年間を見通した教科担任制の在り方について（報告）」2021[p.51]

文部科学省「次世代の学校指導体制の在り方について」2016[p.19]

文部科学省「児童生徒の問題行動・不登校等生徒指導上の諸課題に関する調査」2022

文部科学省「障害のある学生の修学支援に関する検討会報告案」2024[p.133]

文部科学省「食に関する指導の手引―第二次改訂版―」2019[p.56]

文部科学省「スクールカウンセラーの業務」2007[p.63]

文部科学省「生徒指導提要」2022[p.4, 187]

文部科学省「特定分野に特異な才能のある児童生徒に対する学校における指導・支援の在り方等に関する有識者会議～多様性を認め合う個別最適な学びと協働的な学びの一体的な充実の一環として～」2022[p.139]

文部科学省「特別支援学校教育要領・学習指導要領解説　自立活動編」2018[p.36]

文部科学省「特別支援教育の推進について（通知）」2007

文部科学省「発達障害を含む障害のある幼児児童生徒に対する教育支援体制整備ガイドライン―発達障害等の可能性の段階から，教育的ニーズに気付き，支え，つなぐために―」2017[p.58, 65]

文部科学省「不登校児童生徒への支援の在り方について（通知）」2019[p.83]

文部科学省「平成26年度特別支援教育体制整備状況調査　調査結果」2015

文部科学省初等中等教育分科会「共生社会の形成に向けたインクルーシブ教育システム構築のための特別支援教育の推進（報告）」2012[p.132]

文部科学省初等中等教育局「誰一人取り残されない学びの保障に向けた不登校対策について（通知）」2023[p.84]

文部科学省初等中等教育局　特別支援教育課「障害のある子供の教育支援の手引～子供たち一人一人の教育的ニーズを踏まえた学びの充実に向けて～」2021[p.37,80,135]

文部科学省初等中等教育局　特別支援教育課「初めて通級による指導を担当する教師のためのガイド」2020

文部科学省　中央教育審議会「チームとしての学校の在り方と今後の改善方策について（答申）」2015[p.4, 18]

文部科学省　中央教育審議会「『令和の日本型学校教育』の構築を目指して～全ての子供たちの可能性を引き出す，個別最適な学びと，協働的な学びの実現～（答申）」2021[p.138]

や　山口豊一・家近早苗・樽木靖夫・石隈利紀「中学校におけるチーム援助を促進する要因はなにか―学校組織を中心として―」『教育相談研究』第47巻、2010[pp.33-41]

山本尚樹著、佐々木正人・國吉康夫編『個のダイナミクス 運動発達研究の源流と展開』金子書房、2016

吉田友子『自閉症・アスペルガー症候群「自分のこと」のおしえ方―診断説明・告知マニュアル―』Gakken、2011

ら　リチャード・W・マロット、マリア・E・マロット、杉山尚子、島宗理、佐藤方哉『行動分析学入門』産業図書、2023

ロバート・E・オニール、ロバート・H・ホーナー、リチャード・W・アルビン、ジェクリー・R・スプラギュー、キース・ストーレイ、J・ステファン・ニュートン『子どもの視点で考える問題行動解決支援ハンドブック』茨木俊夫監修、三田地昭典・三田地真実監訳、学苑社、2003

ロバート・L・ケーゲル編著『新しい自閉症児教育―その理解と指導―』高木俊一郎・佐久間徹監訳、岩崎学術出版社、1985

わ　渡部匡隆・岡村章司編著、PDDプロジェクト著『6つの領域から支援する自閉症スペクトラムのある子どもの人間関係形成プログラム　自分らしく生きていくために』学苑社、2014

A　A.Uno, T.N.Wydell, N.Haruhara, M.Kaneko, & N.Shinya, Relationship between reading/writing skills and cognitive abilities among Japanese primary-school children normal readers versus poor readers dyslexics. *Reading and writing*,22, 2009[pp.755-789]

A .W .ウイッカー『生態学的心理学入門』安藤延男監訳、九州大学出版会、1994

B　B.F. スキナー『B.F.スキナー重要論文集Ⅲ　社会と文化の随伴性を設計する』スキナー著作刊行会編訳、頭草書房、2021

C　C.サーニ『感情コンピテンスの発達』佐藤香監訳、ナカニシヤ出版、2006

D　D.P.フラナガン,V.C.アルフォンソ編『エッセンシャルズ　新しいLDの判断』上野一彦・名越斉子監訳、日本文化科学社、2013

M　Martha E. Snell, *Systematic Instruction of Persons with Sever Handicaps*. Merrill, 1987

R　R.ホーナー、G.ダンラップ,R.ケーゲル『叢書・現代の心理学3　自閉症、発達障害者の社会参加をめざして　応用行動分析学からのアプローチ』小林重雄・加藤哲文監訳、二瓶社、1992

W　W.P.アーチュル、B.K.マーテンズ『学校コンサルテーション　統合モデルによる特別支援教育の推進』大石幸二監訳、学苑社、2008

監修者・著者　略歴

監修者

熊谷恵子（くまがい　けいこ）

筑波大学人間系教授、博士（教育学）、臨床心理士、言語聴覚士、公認心理師、特別支援教育士SV。専門は、発達障害心理学、発達障害支援、教育相談。主な著書に『アーレンシンドローム　光に鋭敏なために生きづらい子どもたち』2018年（幻冬舎）。共著に『算数障害スクリーニング検査　適切な学習指導は正確なアセスメントから』2023年（Gakken）など。

著　者

三井菜摘（みつい　なつみ）

東京女子大学文理学部心理学科卒業。筑波大学大学院教育研究科カウンセリング専攻修了。教育学修士、学校心理士、ガイダンスカウンセラー、公認心理師。明治安田こころの健康財団子ども療育相談センター、船橋市こども発達相談センターに勤務後、現在は東京都特別支援教室巡回相談心理士、千代田区巡回アドバイザー、品川区巡回訪問心理士、私立中高スクールカウンセラー、筑波大学心理・発達教育相談室非常勤相談員。合同会社アゼリア幼児教育研究所主宰。

執筆協力者　略歴

上羽明子（うえば　あきこ）

元公立小学校教員。現在は学校心理士、ガイダンスカウンセラー、公認心理師。

重松清文（しげまつ　きよふみ）

元公立小学校校長。学校心理士SV。現在は東京都特別支援教室巡回相談心理士、品川区保育課訪問相談心理士。

子どもたちへの心理支援　学校と外部支援者の連携サポート・ガイドブック

2024年3月22日　第1刷発行

監修者　　　熊谷恵子

著　者　　　三井菜摘

発行者　　　渡辺能理夫
発行所　　　東京書籍株式会社
　　　　　　〒114-8524　東京都北区堀船 2-17-1
　　　　　　電話　03-5390-7531（営業）
　　　　　　　　　03-5390-7512（編集）
印刷・製本…　株式会社リーブルテック

ブックデザイン…　難波邦夫（mint design）
イラスト…………　立澤あさみ
DTP・図版作成…　越海辰夫（越海編集デザイン）

特別協力…………　黒川君江
執筆協力…………　上羽明子、重松清文
取材協力…………　青島芳子、板垣市子、伊藤なおみ、稲田尚子、
　　　　　　　　　小川水菜子、相樂直子、日野雅子、藤井七瀬、
　　　　　　　　　松井友子、宗形奈津子、山本ゆう
協　　力…………　滝沢悠
編　　集………　末広裕美子、金井亜由美

https://www.tokyo-shoseki.co.jp

ISBN978-4-487-81546-3 C0037 NDC378